中宣部2022年主题出版重点出版物

"十四五"国家重点图书出版规划项目

纪录小康工程

全面建成小康社会

安徽大事记

ANHUI DASHIJI

本书编写组

全国百佳图书出版单位
时代出版传媒股份有限公司
安徽人民出版社

责任编辑：李　莉　肖　琴　蒋越林
封面设计：石笑梦　葛茂春
版式设计：胡欣欣　常　燕

图书在版编目（CIP）数据

全面建成小康社会安徽大事记／本书编写组编 . — 合肥：安徽人民出版社，
　2022.10
（"纪录小康工程"地方丛书）
ISBN 978 - 7 - 212 - 11474 - 9

Ⅰ.①全…　Ⅱ.①本…　Ⅲ.①小康建设 - 大事记 - 安徽　Ⅳ.① F127.54

中国版本图书馆 CIP 数据核字（2022）第 102372 号

全面建成小康社会安徽大事记

QUANMIAN JIANCHENG XIAOKANG SHEHUI ANHUI DASHIJI

本书编写组

安徽人民出版社出版发行

（230071　合肥市政务文化新区翡翠路 1118 号）

安徽新华印刷股份有限公司印刷　新华书店经销

2022 年 10 月第 1 版　2022 年 10 月合肥第 1 次印刷

开本：710 毫米 ×1000 毫米 1/16　印张：16.25

字数：210 千字

ISBN 978 - 7 - 212 - 11474 - 9　定价：56.00 元

邮购地址 230071　合肥市政务文化新区翡翠路 1118 号

安徽人民出版社营销部　电话：（0551）63533258　63533259

总　序

为民族复兴修史　为伟大时代立传

　　小康，是中华民族孜孜以求的梦想和夙愿。千百年来，中国人民一直对小康怀有割舍不断的情愫，祖祖辈辈为过上幸福美好生活劳苦奋斗。"民亦劳止，汔可小康""久困于穷，冀以小康""安得广厦千万间，大庇天下寒士俱欢颜"……都寄托着中国人民对小康社会的恒久期盼。然而，这些朴素而美好的愿望在历史上却从来没有变成现实。中国共产党自成立那天起，就把为中国人民谋幸福、为中华民族谋复兴作为初心使命，团结带领亿万中国人民拼搏奋斗，为过上幸福生活胼手胝足、砥砺前行。夺取新民主主义革命伟大胜利，完成社会主义革命和推进社会主义建设，进行改革开放和社会主义现代化建设，开创中国特色社会主义新时代，经过百年不懈奋斗，无数中国人摆脱贫困，过上衣食无忧的好日子。

　　特别是党的十八大以来，以习近平同志为核心的党中央统揽中华民族伟大复兴战略全局和世界百年未有之大变局，团结带领全党全国各族人民统筹推进"五位一体"总体布局、协调推进"四个全面"战略布局，万众一心战贫困、促改革、抗疫情、谋发展，党和国家事业取得历史性成就、发生历史性变革。在庆祝中国共产党成立100周年大会上，习近平总书记庄严宣告："经过全党全国各族人民持续奋斗，我们实现了第一个百年奋斗目标，在中华大地上全面建成了小康社会，历史性地解决了绝对贫困问题，正在意气风发向着全面建成社会主义现代化强国的第二个百年奋斗目标迈进。"

这是中华民族、中国人民、中国共产党的伟大光荣！这是百姓的福祉、国家的进步、民族的骄傲！

全面小康，让梦想的阳光照进现实、照亮生活。从推翻"三座大山"到"人民当家作主"，从"小康之家"到"小康社会"，从"总体小康"到"全面小康"，从"全面建设"到"全面建成"，中国人民牢牢把命运掌握在自己手上，人民群众的生活越来越红火。"人民对美好生活的向往，就是我们的奋斗目标。"在习近平总书记坚强领导、亲自指挥下，我国脱贫攻坚取得重大历史性成就，现行标准下9899万农村贫困人口全部脱贫，建成世界上规模最大的社会保障体系，居民人均预期寿命提高到78.2岁，人民精神文化生活极大丰富，生态环境得到明显改善，公平正义的阳光普照大地。今天的中国人民，生活殷实、安居乐业，获得感、幸福感、安全感显著增强，道路自信、理论自信、制度自信、文化自信更加坚定，对创造更加美好的生活充满信心。

全面小康，让社会主义中国焕发出蓬勃生机活力。经过长期努力特别是党的十八大以来伟大实践，我国经济实力、科技实力、国防实力、综合国力跃上新的大台阶，成为世界第二大经济体、第一大工业国、第一大货物贸易国、第一大外汇储备国，国内生产总值从 1952 年的 679 亿元跃升至 2021 年的 114 万亿元，人均国内生产总值从 1952 年的几十美元跃升至 2021 年的超过 1.2 万美元。把握新发展阶段、贯彻新发展理念、构建新发展格局、推动高质量发展，全面建设社会主义现代化国家，我们的物质基础、制度基础更加坚实、更加牢靠。全面建成小康社会的伟大成就充分说明，在中华大地上生气勃勃的创造性的社会主义实践造福了人民、改变了中国、影响了时代，世界范围内社会主义和资本主义两种社会制度的历史演进及其较量发生了有利于社会主义的重大转变，社会主义制度优势得到极大彰显，中国特色社会主义道路越走越宽广。

全面小康，让中华民族自信自强屹立于世界民族之林。中华民族有五千多年的文明历史，创造了灿烂的中华文明，为人类文明进步作出了卓越贡献。近代以来，中华民族遭受的苦难之重、付出的牺牲之大，世所罕见。中国共产党带领中国人民从沉沦中觉醒、从灾难中奋起，前赴后继、百折不挠，战胜各种艰难险阻，取得一个个伟大胜利，创造一个个发展奇迹，用鲜血和汗水书写了中华民族几千年历史上最恢宏的史诗。全面建成小康社会，见证了中华民族强大的创造力、坚韧力、爆发力，见证了中华民族自信自强、守正创新精神气质的锻造与激扬，实现中华民族伟大复兴有了更为主动的精神力量，进入不可逆转的历史进程。今天，我们比历史上任何时期都更接近、更有信心和能力实现中华民族伟大复兴的目标，中国人民的志气、骨气、底气极大增强，奋进新征程、建功新时代有着前所未有的历史主动精神、历史创造精神。

全面小康，在人类社会发展史上写就了不可磨灭的光辉篇章。中华民族素有和合共生、兼济天下的价值追求，中国共产党立志于为人类谋进步、为世界谋大同。中国的发展，使世界五分之一的人口整体摆脱贫困，提前十年实现联合国2030年可持续发展议程确定的目标，谱写了彪炳世界发展史的减贫奇迹，创造了中国式现代化道路与人类文明新形态。这份光荣的胜利，属于中国，也属于世界。事实雄辩地证明，人类通往美好生活的道路不止一条，各国实现现代化的道路不止一条。全面建成小康社会的中国，始终站在历史正确的一边，站在人类进步的一边，国际影响力、感召力、塑造力显著提升，负责任大国形象充分彰显，以更加开放包容的姿态拥抱世界，必将为推动构建人类命运共同体、弘扬全人类共同价值、建设更加美好的世界作出新的更大贡献。

回望全面建成小康社会的历史，伟大历程何其艰苦卓绝，伟大胜利何其光辉炳耀，伟大精神何其气壮山河！

这是中华民族发展史上矗立起的又一座历史丰碑、精神丰碑！这座丰碑，凝结着中国共产党人矢志不渝的坚持坚守、博大深沉的情怀胸襟，辉映着科学理论的思想穿透力、时代引领力、实践推动力，镌刻着中国人民的奋发奋斗、牺牲奉献，彰显着中国特色社会主义制度的强大生命力、显著优越性。

因为感动，所以纪录；因为壮丽，所以丰厚。恢宏的历史伟业，必将留下深沉的历史印记，竖起闪耀的历史地标。

中央宣传部牵头，中央有关部门和宣传文化单位，省、市、县各级宣传部门共同参与组织实施"纪录小康工程"，以为民族复兴修史、为伟大时代立传为宗旨，以"存史资政、教化育人"为目的，形成了数据库、大事记、系列丛书和主题纪录片4方面主要成果。目前已建成内容全面、分类有序的4级数据库，编纂完成各级各类全面小康、脱贫攻坚大事记，出版"纪录小康工程"丛书，摄制完成纪录片《纪录小康》。

"纪录小康工程"丛书包括中央系列和地方系列。中央系列分为"擘画领航""经天纬地""航海梯山""踔厉奋发""彪炳史册"5个主题，由中央有关部门精选内容组织编撰；地方系列分为"全景录""大事记""变迁志""奋斗者""影像记"5个板块，由各省（区、市）和新疆生产建设兵团结合各地实际情况推出主题图书。丛书忠实纪录习近平总书记的小康情怀、扶贫足迹，反映党中央关于全面建成小康社会重大决策、重大部署的历史过程，展现通过不懈奋斗取得全面建成小康社会伟大胜利的光辉历程，讲述在决战脱贫攻坚、决胜全面小康进程中涌现的先进个人、先进集体和典型事迹，揭示辉煌成就和历史巨变背后的制度优势和经验启示。这是对全面建成小康社会伟大成就的历史巡礼，是对中国共产党和中国人民奋斗精神的深情礼赞。

历史昭示未来，明天更加美好。全面建成小康社会，带给中国人民的是温暖、是力量、是坚定、是信心。让我们时时回望小康历程，深入学习贯彻习近平新时代中国特色社会主义思想，深刻理解中国共产党为什么能、马克思主义为什么行、中国特色社会主义为什么好，深刻把握"两个确立"的决定性意义，增强"四个意识"、坚定"四个自信"、做到"两个维护"，以坚如磐石的定力、敢打必胜的信念，集中精力办好自己的事情，向着实现第二个百年奋斗目标、创造中国人民更加幸福美好生活勇毅前行。

目　　录

一九四九年

10月1日—3日 安徽人民欢庆中华人民共和国成立。中华人民共和国的成立，开创了中华民族历史的新纪元，中国共产党成为全国范围执掌政权的党。从此，安徽人民在中国共产党的领导下，迈上了发展进步的新征程。

11月30日—12月6日 皖北区各界人民代表会议在合肥召开，确定今后皖北工作的总方针是：以农村为重点，厉行改革，发动群众，发展生产，兼顾城市，稳步发展工业，改造农业，建设新皖北。此前，2月中旬，中共中央批准成立中共安徽省委员会、安徽省人民政府、安徽省军区。2月16日，华东局通知：经中央批准，成立中共安徽省委、安徽省人民政府、安徽省军区，安徽省委隶属中共中央华东局领导。由于解放战争形势迅猛发展，华东局于4月3日决定，安徽以长江为界分别成立中共皖北区委员会和中共皖南区委员会。四五月间，皖北和皖南区委、区行政公署、军区相继成立。

12月 上海私立东南医学院内迁至怀远县，1952年从怀远迁至合肥市，更名为安徽医学院。

本年 皖北区、皖南区遵照党中央和华东局的指示，开展金融整顿工作，规定人民币为唯一合法货币，明令严禁金条、银圆、外币等在市场上自由流通，一律由人民银行挂牌收兑。

一九五〇年

1月1日 马鞍山矿务局成立，1958年8月1日更名为马鞍山钢铁公司，进入大发展时期。

1月 安徽开始在偏远荒山建设国营林场。到1960年年底，全省共建国营林场128个，经营面积900多万亩。

2月10日 皖南电厂（今马鞍山发电厂）5000千瓦发电机组试车成功。这是新中国成立后我国自行施工、安装、调试的第一台5000千瓦发电机组，单机容量居全省之冠。

2月 安徽贯彻执行政务院《关于严禁鸦片烟毒的通令》，开展禁毒运动。到1952年年底，全省所有烟馆、烟行被摧毁，吸食烟毒行为被基本禁绝。

3月 皖北行署公安局发布改造游民指示，将赌棍等连续三年未改者列为劳动改造对象，加以收容改造。6月，皖南行署公安局发布禁赌指示。到1953年年底，全省赌博之风基本得到控制。

5月 皖北、皖南区委启动开展整风运动，集中力量克服领导机关的官僚主义与区乡干部的命令主义及居功自傲情绪，改善党和人民群众的关系。年底，整风运动结束。

同月 铜官山铜矿恢复建设，1952年10月正式投产。1953年5月1日，铜官山冶炼厂投产，炼出新中国第一炉粗铜，建立起新中国最早的铜工业基地。

6月 皖北、皖南两区宣传贯彻《中华人民共和国婚姻法》，皖北行署发布《婚姻登记暂行规则》。1952 年 1 月 30 日，皖南、皖北人民法院作出《关于彻底执行婚姻法的决议》。

6 月—8 月 皖北区遭受严重洪灾。全区受灾面积 3160 余万亩，倒塌房屋 89 万余间，受灾群众超过 990 万人，占全区人口的一半。全区动员数十万民工抢险救灾，堵口复堤 600 多处，开展生产自救。

7 月—9 月 毛泽东先后对治淮作出四次批示。在 8 月 31 日的批示中，毛泽东指出："导淮必苏、皖、豫三省同时动手，三省党委的工作计划，均须以此为中心，并早日告诉他们。"10 月 14 日，政务院作出《关于治理淮河的决定》，确定了"蓄泄兼筹，以达根治之目的"的治淮方针。11 月 6 日，治淮委员会在蚌埠成立，曾山任主任。淮委下设河南、皖北、苏北三个治淮总指挥部。1951 年 5 月，毛泽东题词"一定要把淮河修好"，由此掀起了新中国大规模治理淮河的高潮。到 1957 年冬，治淮工程初见成效。

8 月 20 日—28 日 皖南区各界人民代表会议在芜湖召开，确定当年秋冬在全区开展土地改革，并切实做好财政经济工作。

8 月 全省开始土地改革。第一期从 1950 年 8 月至 1951 年 11 月，基本完成皖南区各市县和皖北区安庆、六安、滁县、巢湖的土改。第二期从 1951 年 7 月至 1952 年 7 月，完成皖北区沿淮地区土改。经过土改，安徽封建土地所有制被彻底摧毁。

11 月 皖北、皖南军区选调兵员参加抗美援朝。至 1951 年 7 月，共选派官兵 41113 人。全省掀起大规模抗美援朝运动。

一九五一年

1月　华东区皖南血吸虫病防治所在歙县成立。1952年，在屯溪、安庆分别成立了安徽省第一、第二血防所。1955年3月，省委印发《关于加强血吸虫病防治工作的指示》；10月，在合肥成立安徽省血防所。到1958年年底，全省建立37个血防所、站，累计治疗血吸虫病人20多万人，一些疫情较重的地方得到有效控制。

3月29日　润河集分水闸工程开工建设。这是新中国第一个治淮大型水利工程。

3月　皖北、皖南兴办农业互助组。至1952年春，参加互助组人数占农民总数的50%左右。

5月5日—11日　皖北区首届初等教育会议召开，提出整顿、统一、巩固、提高的初等教育方针。

7月1日　安徽省自建的第一条35千伏田家庵—合肥输电线路工程动工，9月1日竣工送电，揭开了安徽电力跨区域输送的历史篇章。

12月17日　毛泽东为滁县地区文工团题词"面向农村"。

12月　安徽开展"三反"运动。"三反"的主要内容是反对贪污、反对浪费、反对官僚主义，主要在党政机关工作人员中开展。"三反"运动到1952年7月基本结束。

一九五二年

1月2日 中共中央批准成立中共安徽省委,同时撤销皖北、皖南区委。安徽省委隶属中共中央华东局领导,1954年4月华东局撤销后直属中共中央领导。8月,中央人民政府批准撤销皖北、皖南人民行政公署,合并成立安徽省人民政府。省委、省政府机关驻合肥市。

1月9日 佛子岭水库开工建设,1954年11月5日竣工。水库位于霍山县淮河支流淠河东源上,总库容4.96亿立方米,设计控制流域面积1840平方公里。佛子岭水库大坝是我国自行设计和施工的第一座大型连拱坝。

2月 全省开展"五反"运动。"五反"的主要内容是反对行贿、反对偷税漏税、反对盗骗国家财产、反对偷工减料和反对盗窃国家经济情报,主要在私营工商业界开展。到7月底,全省"五反"运动结束。

春 安徽省开始试办初级农业生产合作社。10月28日,省委印发《关于今冬试办农业生产合作社的指示》。

5月 全省开展知识分子思想改造运动。到1954年寒假,先后在大中小学校以及文艺界、科技界、卫生界开展,促进知识分子以新的精神面貌积极投入新中国建设。

6月1日 省委机关报《安徽日报》在合肥创刊。

7月 全省开始在机关、企业、农村进行整党。11月3日,省委制定《安徽省整党建党计划》。1955年春，整党基本结束。

同月 全省机关和国营企事业单位开始实行公费医疗制度。

8月15日 公私合营蚌埠染织厂建立。这是安徽省第一家公私合营染织企业。

8月 全省国营工矿开始实行民主改革和生产改革，提高了工人的生产积极性。

11月30日 省委发出关于调整公、私商业的指示，规定调整商品价格和公、私商业经营范围，取消对私商经营的一些不适当的限制，解决"五反"运动后私营商业的经营困难。

12月13日—20日 中国共产党安徽省第一次代表会议召开。出席会议的正式代表816人，列席代表57人，代表全省10.3万多名党员。会议研究安徽省进行社会主义改造的方针，发展工业化和农业集体化的步骤、措施，以及治理淮河、长江，增强抗御自然灾害的能力等工作。

本年 安徽省高等学校进行院系调整，以培养工业建设人才和师资为重点，发展专门学校，整顿和加强综合性大学。1954年调整工作基本完成。

一九五三年

1月10日　王家坝进洪闸开工兴建。该工程为淮河蒙洼蓄洪区的主要控制工程,在淮河防汛史上具有举足轻重的地位。

2月3日　省委印发《关于执行和贯彻中共中央和中共中央华东局〈关于反对官僚主义、反对命令主义、反对违法乱纪的指示〉的指示(草案)》,部署开展"新三反"运动。8月底,"新三反"运动基本结束。

2月20日—21日　毛泽东视察安徽。毛泽东乘军舰抵达安庆、芜湖,沿途考察长江防洪,了解群众的生产生活情况。

4月　安徽省进行第一次人口普查。经普查,截至1953年6月30日24时,全省人口为3066.3万人。

8月1日　蚌埠气象台由军队建置改属地方建置,1954年1月1日开始对外发布天气预报。这是安徽省第一座气象台。

9月6日　省委扩大会议提出粮食作物三项改革任务。农业"三改"是为解决安徽省淮河流域严重旱涝灾害而提出的改种避灾措施,基本内容是:改变夏秋两季的收成比重,使夏季收成大于秋收;改种高产作物和耐水作物,推广马铃薯和"胜利百号"山芋,沿淮地区逐步改种水稻,沿江地区改种双季稻;改变广种薄收的习惯,实行精耕细作,提高单位面积产量。农业"三改"从1953年开始,至20世纪50年代末期结束。

10月1日　芜湖市开通全省第一班市区公共汽车。

10 月 21 日—11 月 5 日　省委召开扩大会议，传达学习党在过渡时期的总路线和总任务，部署开展宣传总路线和粮食统购统销工作。

11 月　省政府颁布《安徽省粮食计划收购暂行实施办法》《安徽省农村和集镇粮食计划供应暂行实施办法》《安徽省城市及工矿区粮食计划供应暂行实施办法》，对粮食实行计划收购和计划供应，也称"统购统销"。之后，又对棉、油实行统购统销。至 20 世纪 80 年代中期，统购统销政策逐步取消。

本年　安徽省开始执行发展国民经济的第一个五年计划。到 2021 年 6 月，共编制执行 14 个五年计划（规划）。

一九五四年

2月9日—3月12日 中国共产党安徽省第二次代表会议召开。大会学习党在过渡时期的总路线，批判违背总路线的错误思想，要求加强对资本主义工商业改造工作的领导，交流工农业生产的典型经验。

2月 安徽省与上海市有关部门及私营工商界达成工厂内迁及公私合营协议，将上海私营立兴搪瓷厂迁到合肥，同时实行公私合营。到1958年，从上海等地迁到合肥、芜湖、蚌埠、安庆等地的企业共有108家，分属十几个行业。

3月26日 梅山水库开工兴建，1956年4月竣工。水库位于金寨县大、小梅山之间，总库容23.37亿立方米，控制流域面积2100平方公里，大坝是当时世界上最高的连拱坝。

4月 安徽造纸厂在淮南建成投产。该厂是"一五"时期我国自行设计、建造的国营造纸企业，也是安徽省最大的造纸生产企业。

5月—8月 安徽发生特大洪灾。境内长江、淮河干流溃决，内河堤防绝大部分漫堤决口。全省成灾土地面积3527万亩，受灾人口1500多万人，倒塌房屋310多万间，损失耕牛约20万头。灾区党委和政府迅速动员，组织群众转移，开展以工代赈、生产自救。

7月 合肥市长江路动工兴建。该路东起长江路桥，西至大西门，全长2990米，是安徽省较早兴建的高等级城市道路。

8月20日—26日 安徽省第一届人民代表大会第一次会议召开。

会议确定当前的任务是生产救灾、战胜灾害，选出安徽省出席第一届全国人民代表大会代表 39 名。

9 月 5 日　省委印发《关于发展农业生产合作社的指示》，要求各地从农村工作基础和农民要求的实际出发，继续贯彻"积极领导，稳步前进"的方针，采取常年互助组、初级农业社和高级农业社等多种形式由低级到高级逐步发展。

9 月 25 日—11 月 6 日　安徽参加在上海举行的华东区首届戏曲观摩演出。安徽代表团演出的黄梅戏《天仙配》获剧本一等奖、优秀演出奖、导演奖和音乐奖；黄梅戏演员严凤英、王少舫、潘璟琍，庐剧演员王本银、丁玉兰，泗州戏演员李宝琴、霍桂霞获演员一等奖。1955 年 11 月，《天仙配》由上海电影制片厂拍摄成黄梅戏艺术片，在国内外放映。

12 月 3 日—9 日　安徽省第一次文学艺术工作者代表大会召开。

本年　安徽省首次将植树造林和森林采伐、木材供销纳入国民经济计划，把林业生产由重点造林转为全面造林，在全省范围内推广互助合作造林。

一九五五年

2月14日　省委批转省委组织部《关于执行〈中央关于加强干部管理工作的决定〉的意见》，明确要求落实党管干部原则。

3月19日　省委转发省委农村工作部《关于整顿巩固农业生产合作社的意见》，要求把整顿和巩固农业生产合作社作为农村工作的中心，集中力量办好。

5月　省委制定《中共安徽省委五年建党计划》，明确企业、农村、学校建党的主要对象，要求在党内全面贯彻中央"积极慎重"的建党方针，克服和防止保守思想和急躁情绪。

同月　国内第一条砂姜路——蚌（埠）阜（阳）公路通车。

同月　安徽省立医院成立。

8月6日—10日　省委召开地委、市委书记和地委、市委农村工作部部长会议，传达和讨论毛泽东《关于农业合作化问题》的报告，提出了办社翻一番的指标，规定1955年冬至1956年春全省再办3.6万个农业生产合作社。

10月　国务院正式批准《安徽省第一个五年国民经济计划修订草案（1953—1957年）》。

11月1日　全省粮食供应开始实行按计划凭粮票购粮。全国通用粮票和安徽省地方粮票即日起开始使用。1993年4月1日，安徽省全面放开粮油购销价格，停止粮票流通。

11月7日—19日　中国共产党安徽省第三次代表会议召开，传达党的七届六中全会精神，动员全省党组织努力实现农业合作化的历史任务。

11 月 8 日　省委印发《关于加强对手工业社会主义改造工作的指示》。

本年　安徽对主要农副产品实行计划管理。从 1957 年 8 月起，安徽贯彻执行国务院《关于由国家计划收购（统购）和统一收购的农副产品和其他物资不准进入自由市场的规定》，主要农副产品基本上为国营商业所掌握，商品计划管理范围更加扩大。

本年　毛泽东为安徽农业合作化文章写按语。毛泽东在他亲自主编的《中国农村的社会主义高潮》一书中，收录了 9 篇安徽省上报的文章，并为其中的 6 篇写了按语。其中，在《多余的劳动力找到了出路》一文按语中写道："人民群众有无限的创造力。他们可以组织起来，向一切可以发挥自己力量的地方和部门进军，向生产的深度和广度进军，替自己创造日益增多的福利事业。"

一九五六年

3月17日 省委印发《关于知识分子工作要点（草案）》，动员全省重视与做好知识分子工作。

3月28日 省委印发《关于绿化工作的指示》，规划在七年内把宜林荒山荒地按规格、有计划种上树。

4月26日 国产第一台6000千瓦汽轮发电机组在淮南田家庵发电厂投产。

5月23日 响洪甸水库开工兴建，1958年7月竣工。水库位于金寨县淮河支流淠河西源上，总库容26.32亿立方米，控制流域面积1400平方公里。

7月2日—15日 中国共产党安徽省第一次代表大会召开，审议通过《一九五六年到一九六七年安徽省农业发展纲要（草案）》。大会要求：提前和超额完成第一个五年计划建设任务，弥补安徽工业过分落后的弱点；争取在三年内基本完成社会主义革命的任务，有步骤地保证全国农业发展纲要全部、普遍地在安徽地区实现；逐步加强变水害为水利的各种措施，以完全改变安徽灾多、灾重的面貌。

7月23日 由苏联援建的国家重点建设项目——蚌埠肉类联合加工厂建成投产。这是当时全国规模最大的屠宰加工企业。1958年12月，由苏联援建的国家重点建设项目淮南望峰岗选煤厂建成投产。

9月 磨子潭水库开工兴建，1958年8月竣工。水库位于霍山县淮河支流淠河东源上，总库容3.37亿立方米，主要作用是结合佛子岭水库溢洪道扩大，使佛子岭水库的防洪能力提高到千年一遇的水平。

11 月 23 日　省委、省人委印发《关于扫除文盲工作的指示》，要求在七年内分期分批基本扫除农村居民中的文盲，在两年内基本扫除脱产干部中的文盲。

年底　全省基本完成了对农业、手工业和资本主义工商业的社会主义改造，生产资料私有制的社会主义改造取得决定性胜利。

本年　安徽省农村"五保"供养逐步展开。全省开始对缺乏劳动力或完全丧失劳动力、生活没有依靠的老、弱、孤、寡、残疾社员，实行保吃、保穿、保烧（燃料）、保教（儿童和少年）、保葬"五保"政策。到 1957 年 6 月，全省享有"五保"待遇的共 23.45 万户、37.32 万人。

一九五七年

1月1日 中国民用航空局新开辟的上海—合肥—徐州—北京航线正式通航。

1月10日 省委印发《关于加强争取还在资本主义国家的留学生回国工作的通知》。

1月 省委从省直机关抽调 1320 名干部（其中 13 名省委委员）下乡工作，帮助整顿农业生产合作社和领导春耕生产，省委书记处书记、省委常委分别兼任一个县的县委第一书记。

2月14日 省委发出《关于包工包产的指示》，肯定并支持农业社以生产队实行包工包产、超产归队、减产赔偿的办法，并提出包工包产必须包实，包产指标一般不低于 1955 年的产量。3月26日，省委发出《关于推广田间管理工作包到户的通知》，指出田间管理工作包到户的办法能够减少生产队零星配工和记工的麻烦，也可以发挥社员的积极性和主动性，便于做好集体劳动、个人劳动和家庭老少劳动的安排。这是中共八大以后安徽关于农村经济管理模式的初步探索，对促进农业生产的发展起到了积极的作用。

5月5日—7日 省委常委会会议决定在全省开展整风运动。25日，省委印发《关于开展整风运动的初步计划（草案）》，全省整风运动由此开始。

10月13日 全省最后一条县际公路——潜山县源潭铺至岳西县城的公路竣工通车，全省实现了县县通公路的目标。

12月6日—11日 中国共产党安徽省第一次代表大会第二次会议召开，研究贯彻党的八届三中全会精神，审查批准《关于继续深入开展全民性整风运动》《关于为提前和超额实现农业发展纲要而奋斗》《关于进一步完成整编任务》三个报告。

本年 安徽省完成国民经济发展第一个五年计划。"一五"计划取得巨大成就，奠定了安徽社会主义工业化的初步基础，为安徽社会主义建设积累了宝贵经验。

一九五八年

1月5日—7日 周恩来视察安徽。视察期间,周恩来向省暨合肥市处级以上干部作题为《关于目前世界形势和整风任务》的报告。

1月14日 全省举行除"四害"(苍蝇、蚊子、老鼠、麻雀)誓师大会。此后,全省范围内掀起了以除"四害"为中心的爱国卫生运动。

1月 省委召开扩大会议,制订安徽钢铁工业发展计划,确定在五至七年内,使铁产量达到52万吨,钢产量达到53万吨,煤产量达到400万~500万吨。

3月2日 第一条省内航线合肥—阜阳航线通航。随后,合肥—芜湖—屯溪航线通航。

3月16日 省委在蚌埠召开有3300多名机关干部参加的大会,宣布省委和淮委共同制定的《淮北水网化十条规定》。下半年,水网化发展为河网化,《淮北河网化初步规划报告》和《安徽省淮北河网化规划》相继出台。到1962年,淮北河网化全部停止。

3月 马鞍山铁矿厂炼出第一炉电炉钢,结束了安徽有铁无钢的历史。

4月 裕溪口煤码头竣工投产。这是新中国第一座现代化、机械化内河港口。

5月 省委决定开发淮北煤田。1960年年底,矿区初具规模。到1976年年底,淮北矿务局原煤产量首次突破1000万吨,进入全国重点煤炭基地行列。

8月12日 淮河中游的大型水利枢纽工程——蚌埠闸动工兴建,

1962 年建成。

8 月 16 日 阜阳城区各机关、学校、市民推行沼气化，开始使用沼气做饭和照明。11 月 9 日至 14 日，全国沼气现场会在阜阳召开，推广阜阳办沼气的经验。

8 月 19 日 淠史杭沟通综合利用工程开工兴建。工程利用大别山区佛子岭、梅山、响洪甸、磨子潭、龙河口水库丰富的水源兴建大型灌溉工程，受益范围包括安徽省 14 个县区和河南省 2 个县，设计灌溉面积安徽境内 1000 多万亩。经过几十年的续建和配套完善，淠史杭灌区成为中国著名的大型灌区。

8 月 21 日 安徽首家平板玻璃生产企业——蚌埠平板玻璃厂动工兴建。1988 年 6 月 26 日，该厂浮法玻璃生产线建成试产。

8 月 陈村水库（今太平湖）开工兴建。水库位于泾县，总库容 24.76 亿立方米，是综合利用的大型水利工程。1971 年 10 月竣工。

9 月 1 日 安徽省全面试行工商统一税。该税由原来的货物税、商品流通税、营业税和印花税四个税种合并而成。

9 月 16 日—20 日 毛泽东视察安徽，先后视察安庆、舒城、合肥、芜湖、马鞍山等地。

9 月 毛泽东为安徽大学题写校名。1956 年，安徽大学从芜湖迁至合肥，1958 年全面恢复招生。

同月 合肥工业大学成立。

11 月 龙河口水库（今万佛湖）开工兴建，1969 年 10 月竣工。水库位于舒城县梅河镇。总库容 7.87 亿立方米，控制流域面积 1120 平方公里。

12 月 24 日—翌年 1 月 16 日 省委召开四级干部会议，学习中共八届六中全会通过的《关于人民公社若干问题的决议》，部署整顿、巩固和提高人民公社工作。

一九五九年

2月12日　省委通知各地：原来农业社的生产队（即人民公社的生产小组）的户数、劳动力、耕地、牲畜、农具不作变动，初步纠正人民公社"一平二调"的做法。

3月26日　铜官山有色金属公司成立，1965年1月31日更名为铜陵有色金属公司。

4月28日—5月8日　全省第一届运动会在合肥举行。截至2018年，共举办了14届省运会。

7月17日　省委转发合肥市委《关于大力恢复与发展小商品生产的意见的报告》，要求各地区根据实际情况，发展小商品生产，以解决市场上小商品供应紧张的问题。

9月21日　古井酒厂建立。1996年改制为安徽古井贡酒股份有限公司。

10月27日—29日　毛泽东视察安徽，先后视察了省委机关钢铁厂、合肥市郊蜀山公社、含山县长岗公社、马鞍山钢铁公司等单位。

12月　淮南矿务局原煤产量首次突破1000万吨大关，达到1414万吨，跨入全国重点矿务局行列。

本年　合肥百货大楼建成，迄今已发展成为全省规模最大的综合型商贸流通企业集团。

一九六〇年

2月19日—25日 邓小平视察安徽，先后视察合肥、淮南、蚌埠、金寨、宿县、蒙城、阜阳等地，深入了解工农业生产与人民群众生活情况，并就山区绿化造林、发展高科技、安全生产以及帮助群众寻找致富门路，自力更生、艰苦奋斗，改变贫穷落后面貌等方面工作提出明确要求。

3月31日—4月8日 全国第一次风力发电现场会在蚌埠召开，推广蚌埠郊区淝淮公司利用风能发电和东风机械厂制造风力机的经验。

5月1日 芜湖造船厂试制成功国内第一艘铝质长江水翼客艇。

9月30日 安徽电视台开始实验性播送电视节目。1962年10月停播。1969年3月，大蜀山电视调频发射台投入使用，安徽电视台恢复播出电视节目。

11月28日—12月12日 省委召开三级干部会议，传达贯彻《中共中央关于农村人民公社当前政策问题的紧急指示信》（即"十二条"），制定《中共安徽省委关于贯彻执行中央"十二条"指示的具体规定》，要求坚决纠正人民公社的"共产风"，成为扭转全省农村严峻形势的起点。

一九六一年

1月2日 省委、省人委印发《关于突击治疗疾病、保护人民身体健康的紧急通知》。

2月18日—3月4日 省委召开地、市、县委第一书记会议，传达中共八届九中全会精神，部署贯彻落实"调整、巩固、整顿、提高"八字方针，开展国民经济调整工作。到1965年年底，安徽国民经济调整任务全面完成。

2月 省委在合肥市郊蜀山公社井岗大队南新庄生产队进行责任制试点。3月6日，省委书记处会议讨论南新庄试点经验，形成《关于包产到队、责任到人的问题（草稿）》。到12月底，全省实行责任田的生产队达到90%。

4月10日—24日 省委召开三级干部会议，学习贯彻《农村人民公社工作条例（草案）》（简称"农业六十条"），讨论克服平均主义问题，部署对农村政策进行调整。随后，全省工业、商业、手工业、科技、教育、文艺领域落实中央关于调整工作的系列文件精神，分别进行了调整。

6月25日—7月19日 省委在岳西县石关召开三级干部会议，批"左"整风，总结试行责任田的经验，讨论进一步完善责任田的办法，形成《关于实行田间管理责任制加奖励办法的报告》。

8月12日—20日 省委召开轻工业书记会议，提出压缩重工业生产，发展轻工业、手工业生产，增加日用工业品，回笼货币，稳定市场，增加财政收入。

8月 省委开始对 1957 年以来在各项政治运动中受过批判和处分的党员和干部进行甄别。9 月，省委批转省委组织部和省委监委《关于认真做好甄别工作的意见》。到 1962 年年初，共甄别结案 2.4 万人。

一九六二年

2月28日　省委印发《关于当前工作的指示》，就坚持和恢复党的实事求是、群众路线、民主集中制的优良传统作出规定。文件还要求各地全力抓好生产，特别是把发展农业生产放在首位，逐步解决人民吃穿用的问题。

3月　全省各地人民公社实行以生产队为基本核算单位。

5月10日—18日　省委一届十二次全会召开，强调大力恢复和发展农业生产、逐步解决吃穿用问题，是全党全民的中心任务。全会要求，坚决缩短工业、基本建设战线，大力精减职工和压缩城镇人口。

6月21日—7月3日　省委召开第一次山区工作会议，明确在山区实行以林为主的生产方针和"谁造谁有"的林业政策。

8月10日—25日　省委、省人委在黄山市召开全省知识分子会议，检查安徽近几年来在执行党的知识分子政策中存在的问题，提出改进意见。

11月26日　省人委转发省林业厅党组《关于规定禁猎区和禁猎鸟兽的通知》，划定黄山风景区为禁猎区，确定全省范围内禁止狩猎11种鸟兽。

一九六三年

3月5日 《人民日报》刊登毛泽东的题词"向雷锋同志学习"。随即，全省掀起学习雷锋先进事迹的热潮。

4月 省委印发《关于贯彻执行中央关于厉行增产节约和"五反"运动的指示的部署意见》，在全省1.4万多个县级以上单位80余万干部职工中开展城市"五反"运动，并将其和增产节约运动结合在一起。

7月23日—30日 中国共产党安徽省第二次代表大会召开。大会指出，在社会主义革命和建设中，党应当领导一切，而且能够领导一切，但绝不等于包办一切。党委的领导，主要是思想、政治和组织领导。

11月18日 马钢试轧成功中国第一个国产火车轮箍。1964年7月29日，我国第一个直径840毫米辗钢整体车轮在马钢轧制成功，结束了我国车轮轮箍长期依赖进口的历史。

12月9日—27日 省委、省人委召开全省科学技术工作会议，讨论和审议安徽省1963—1972年科学技术发展规划，要求科学工作为生产服务特别是为农业生产服务。

一九六四年

2月5日 中共中央印发《关于传达石油工业部〈关于大庆石油会战情况的报告〉的通知》。随后，安徽省工业交通战线掀起学大庆运动的热潮。

3月16日 省委印发《关于组织地委书记一级干部学习马、恩、列、斯和毛主席著作的通知》。这次学习高潮一直持续到1966年6月。

3月18日 省委二届三次全会通过《关于学习毛泽东同志著作，学习解放军和石油部经验，促使广大党员、干部和各项工作革命化的决定》。

9月 华东局国防会议确定安徽省在1965年至1967年的三年内建成11个项目（每个项目包括若干个专业厂和小型厂，总计上百个军工生产厂和配套单位及70多个科研所）。随后，省委开始筹备"小三线"建设工作。1965年，"小三线"建设进入实质性实施阶段，当年共实施16个项目。20世纪80年代起，安徽对"小三线"建设实施全面调整与改造。

12月 怀远涡河大桥建成通车。大桥全长285.5米，是安徽兴建的第一座大跨度石拱桥。

一九六五年

5月15日—24日　省委召开农业生产座谈会，对全面发展农业生产的关键问题提出意见。7月17日，省委印发会议纪要，要求各级党委把革命精神和科学态度结合起来，深入调查研究本地生产状况和存在的问题，正确指挥生产。

8月10日　合肥—北京、合肥—上海民用航空线通航。

8月17日　省委批转省卫生厅党组《关于加强农村基层卫生事业建设的决定》，要求把医疗卫生的主要力量放到农村。

8月26日　马鞍山钢铁公司被誉为"江南一枝花"。10月，《安徽日报》《人民日报》先后发表专题报道和社论，中央新闻纪录电影制片厂还摄制了《马钢工人赶大庆》纪录片，马钢"江南一枝花"的美誉在全国传开。

9月23日　淮南化肥厂建成投产，设计能力年产5万吨合成氨。

本年　全省各级各类教育事业在调整的基础上得到发展。全日制学校计有普通高等学校15所，在校生1.93万人；普通中学665所，在校生26.92万人；中等专业学校213所，学生4.08万人；小学10.58万所，学生490.4万人；幼儿园338所，在园幼儿4.32万人。

一九六六年

2月9日 省委印发《关于组织全体党员干部认真向焦裕禄同志学习的通知》，全省掀起学习焦裕禄的热潮。

11月 新汴河工程动工。该工程是一条人工河道，全长127.1公里，主要是为沱河和濉河上游6562平方公里的积水开辟一条新的排水出路，减轻洪涝灾害。工程于1970年5月竣工。

12月 淮南煤矿机械厂试制成功 JZ-25/600 型凿井绞车，填补了我国长期缺乏大型凿井绞车的空白。

一九六七年

3月1日 安徽省革命生产领导小组成立，临时负责全省的工农业生产。

4月 贵池黄山岭铅锌矿兴建，1973年7月投入生产。1984年年采选矿石能力达8.25万吨，成为当时全省最大的铅锌矿。

同月 省军区设立"三支两军"办公室，派出大批干部、战士到地方执行"三支（支左、支工、支农）两军（军管、军训）"任务。1974年1月，省军区撤销"三支两军"办公室。

10月6日—7日 刚果（布）全国革命运动和政府代表团访问淮南市并参观淮南煤矿。

一九六八年

1月中旬　全省大多数大、中、小学校开学复课。

10月　裕溪口港试制成功全国第一台疏煤机，每台时疏煤500吨。

12月　全省掀起知识青年上山下乡的高潮。1980年年底，安徽城镇知识青年上山下乡运动结束。

同月　芜湖丝绸厂试制成功五合一自动腊纱机，填补了中国丝绸工业腊纱工序的一项空白。

一九六九年

1月1日 安徽省第一条 110 千伏水下高压过长江电缆在安庆附近敷设成功。

3月 巢湖汽车配件厂自行设计、制造出江淮牌载重汽车，结束了安徽不能制造载重汽车的历史。

4月11日 安徽省农机一厂试制成功江淮 40 型拖拉机。

8月9日 安徽省决定编制七年 (1969—1975 年) 国民经济发展规划，提出力争建立一个小而全的适合安徽情况的独立的工业体系的目标任务。

12月18日 安徽省决定调整全省大专院校，原有 14 所大专院校撤并 8 所，保留合肥工业大学、安徽大学、安徽农学院、安徽工农大学 (由合肥师范学院和皖南大学合并而成，后更名为安徽师范大学)、安徽劳动大学、安徽医学院 6 所。

12月26日 驷马山引江灌溉工程开工兴建。该工程以抽引长江水灌溉为主，兼有防洪、排涝、航运等综合效益，是安徽省继淠史杭工程之后的第二大灌溉工程。工程地跨安徽、江苏两省 9 个县市，设计灌溉面积 365.4 万亩。1972 年第二期工程初步建成，随后进入续建配套和管理运营阶段。

一九七〇年

1月 中国科学技术大学由北京迁至合肥，在原合肥师范学院校址办学。

2月—8月 全省开展"一打三反"运动，即打击现行反革命，反对贪污盗窃、投机倒把、铺张浪费。

6月 芜湖船舶修理厂自行设计、制造出国内第一艘内河喷水式浅水客轮。

7月15日 合肥无线电厂试制成功701型黄山牌黑白电视接收机。1985年4月，合肥无线电二厂彩色电视机流水线投产，生产黄山牌彩色电视机。

7月 全省农村合作医疗现场会议提出，要大力普及农村合作医疗，迅速改变农村缺医少药的情况。

9月5日—15日 全省轻纺工业会议召开。会议提出全省轻纺工业在第四个五年计划期内要做到"三个实现"：在两三年内实现轻工业产品省内自给；实现在1975年除棉布以外的轻工业产品取消票证，敞开供应；实现工业总产值"四五"时期翻两至三番，由1970年的15亿元增加到45亿元至60亿元。

9月27日 合肥起重运输机械厂试制成功国内首台3吨侧式自动装卸车。

9月30日 合肥锻压机床厂制造出国内第一台双动四柱液压机。

10月1日 青（龙山）阜（阳）铁路建成通车，铁路全长141公里。

10 月中旬　由公社以上四级干部参加的全省农业学大寨会议召开，传达北方地区农业会议精神，号召全省农业学大寨。

10 月　全省 6 所高校开学，3496 名工农兵学员进入大学。

11 月 5 日　安徽省编制下达《1971 年和第四个五年国民经济计划》，提出：以战备为纲，加速"小三线"建设；解放思想、勇于创新，把科技工作提高到一个新水平；在发展生产的基础上进一步改善人民生活等。

一九七一年

1月1日 铜陵有色金属公司凤凰山铜矿建成投产。这是新中国第一座引进国外技术设备建设的矿山，在采、运、提、选几个主要生产环节上实现了机械化、半自动化和自动化。

3月24日 芜（湖）铜（陵）铁路通车。

4月 全省第一条220千伏淮南—合肥输电线路投入运行。

8月31日 李月华医生殉职。泗县农村医生李月华工作认真，全心全意为病人服务，深受群众欢迎。她在抢救重危产妇时，因劳累过度，光荣殉职。李月华的事迹在全国产生很大影响。

9月15日 省委印发《关于全面深入地开展工业学大庆群众运动的决定》，提出要学根本，抓好典型，在全省掀起一个"学大庆，赶大通（淮南大通煤矿），夺取工业新胜利"的新高潮。从这一年起，安徽连续五年每年召开一次学大庆的会议。

9月29日 淮南田家庵—宿县110千伏输电线投产并与徐州联网。该线路是连接淮南、淮北两大电网的动脉。

11月19日 茨淮新河工程动工兴建。该工程是当年安徽最大的治淮骨干工程，全长134.2公里，控制流域面积6960平方公里。1984年全线通航。

一九七二年

1月12日 淮南发电厂第一台12万千瓦机组投产。

2月 蚌埠平板玻璃厂建成投产。该厂是当时全省唯一的大型平板玻璃企业。

3月29日 省委印发《关于贯彻农村人民公社政策若干问题的决定（试行草案）》，强调以生产队为基本核算单位，农业要"以粮为纲，全面发展"，规定了促进集体增产个人增收、减轻农民负担和分配兑现的一些具体政策。

5月15日 全省县以上电信局开放国际电话。

8月 淮北选煤厂建成投产，设计能力为年选原煤200万吨，是当时华东地区最大的选煤厂。

11月8日—23日 省委召开全省农业学大寨会议，要求1974年实现全省粮、棉、猪产量超"纲要"，1980年基本实现农业机械化。

一九七三年

2月 省委决定成立马钢建设指挥部，开始马钢的扩建工程。扩建后生产规模的设计能力为年产钢 200 万吨、铁 250 万吨。

4月 29 日 芜湖长龙山—南京龙山 220 千伏线路投入运行，安徽与江苏、上海 220 千伏电网联网。

6月 29 日 省委决定成立淮南、淮北两个煤炭基本建设局，拉开两淮新矿区建设序幕。

12月 18 日—25 日 第一次全省环境保护会议召开，拟定全省环保规划和措施，明确环保工作的重点和要求。

一九七四年

3 月 27 日 国家计委批准同意在安庆市建设一座年加工原油 250 万吨的炼油厂，并相应利用成套进口设备建设年产 30 万吨合成氨、52 万吨尿素的联合装置。7 月动工兴建。1977 年 12 月，炼油厂竣工投产，此为安庆石油化工总厂前身。1978 年 12 月，化肥装置投产成功。安庆石油化工总厂的建成投产，填补了安徽省石油化工工业的空白。

6 月 5 日 国务院批准兴建五河淮河公路大桥，1975 年 4 月开工，1977 年 10 月竣工，11 月通过国家验收。五河大桥是淮河第一座公路大桥。

7 月 18 日—24 日 省委召开会议贯彻党中央《关于抓革命、促生产的通知》。全省 1 月至 6 月连续下降的工业生产开始回升。

8 月 1 日 马鞍山市煤气一期工程动工。1976 年 11 月竣工，给首批用户送气成功。这是安徽省第一个管道式城市民用煤气工程。

11 月 28 日—12 月 1 日 安徽省普及小学教育工作会议在长丰县召开，要求 1975 年全省农村普及小学五年制教育。

一九七五年

3月11日—21日 省委召开工作会议，传达全国工作会议精神和邓小平关于对各条战线进行整顿的指示，着重讨论落实安定团结的方针，把国民经济搞上去。从4月份开始，全省工业生产开始全面回升。

3月26日—4月1日 全省整顿铁路秩序会议召开，号召采取有力措施，彻底整顿铁路运输秩序。

9月21日 津浦铁路复线蚌埠淮河双线铁路大桥建成。

12月 合肥长途电话大楼破土动工，1983年12月建成。这是安徽省最大的长途电话交换中心。1984年10月，实现长途电话可直拨全国34个大中城市。

一九七六年

2 月　全省计划会议召开，检查"四五"计划执行情况，研究制定今后十年规划、五年计划和 1976 年年度计划。

7 月　安徽省接收河北省唐山大地震受伤人员，设立 84 个收治点，共接收治疗 16457 名伤员。

8 月 21 日　省地震局向省委上报《防震减灾应急措施（草案）》，这是安徽省制订的第一个地震应急方案。

10 月 23 日　省暨合肥市 20 万军民集会庆祝粉碎"四人帮"反革命集团。

一九七七年

3月29日 安徽省、国家煤炭工业部联合向国务院报送《关于加快两淮煤炭基地建设的报告》。8月8日，省委印发《关于两淮煤炭基地会战的意见》。

4月 安徽无线电厂与第四机械工业部六所、清华大学等单位联合研制的全国第一台 DJS–050 微型计算机通过部级鉴定。

6月16日—20日 中共中央解决安徽省委领导问题，决定由万里担任省委第一书记、省革委会主任、省军区第一政委。

7月15日 省委召开向科学进军大会，全省各条战线 300 多名科技人员出席大会。大会号召广大科技工作者解放思想，敢想敢干，尽快把科学研究搞上去，为加快实现科学技术现代化而努力奋斗。10月中旬，省委召开全省科技工作会议，提出要把安徽建设成为全国新的科学研究基地。

10月25日—29日 全省高校、中等专业（技工）学校招生工作会议召开，传达全国招生工作会议精神，研究恢复高考后的招生工作。当年全省报考人数达 44.7 万人，共录取 26024 人，其中高校录取 12104 人。

11月15日—22日 省委召开农村工作会议，着重讨论研究当前农村迫切需要解决的一些经济政策问题，制定《关于当前农村经济政策几个问题的规定（试行草案）》（简称"省委六条"），强调要尊重生产队的自主权，实行生产责任制，发还自留地，允许农民经营正当家庭副业等。这是粉碎"四人帮"后首份允许生产队建立生产责任制的文件。1978年2月3日,《人民日报》发表《一份省委文件的诞生》,盛赞安徽"省委六条"。

12 月 14 日 合肥骆岗机场建成通航。

12 月 29 日—31 日 全省血防工作会议在安庆召开,总结新中国成立以来全省血防工作的成就和经验,研究和制定消灭血吸虫病的八年规划,提出 1985 年以前实现基本消灭血吸虫病和疟疾、丝虫病、钩虫病。

一九七八年

2月15日 万里在省委召开的地委、市委书记会议上提出，农村大忙季节，"要以生产为中心"。3月1日，《人民日报》登载记者报道，指出安徽省委提出"以生产为中心"是"完全正确的口号"，"是拨乱反正的一个果断的行动"。4月3日，万里在全省春耕生产电话会议上再次强调，农村要以生产为中心。

2月21日—27日 安徽省科学技术大会召开。会议讨论、修改安徽省1978—1985年科学技术发展规划，表彰先进集体323个、先进个人282名，奖励658项优秀科技成果。

3月16日 《人民日报》报道安徽省委重视人才、解决知识分子用非所学问题，并配发"编者按"。

5月13日 《安徽日报》转载《光明日报》5月11日特约评论员文章《实践是检验真理的唯一标准》，安徽掀起关于真理标准问题大讨论。

9月初 省委作出借地度荒决定。当年全省发生大旱，大部分地区10个多月没有下过透雨，全省6000多万亩农田受灾，400多万人饮水困难，秋种难以进行。面对严重旱灾，省委作出借地度荒的决定：凡集体无法耕种的土地借给社员种麦子；鼓励社员多开荒，谁种谁收。从"借地"中得到启发，安徽一些地方的基层干部和农民冲破旧体制的束缚，开始包干到组、包产到户。

11月24日 凤阳县梨园公社小岗生产队18户农民发起包干到

户，在包干到户协议书上按下红手印。小岗村成为我国农村改革的主要发源地。

12月 安徽省决定山区实行"以林为主，多种经营，全面发展"的方针，纠正过去山区"以粮为纲"的方针。

一九七九年

1月3日—18日 省委召开工作会议，传达学习党的十一届三中全会精神，研究部署全省工作重点转移问题，讨论如何把经济建设特别是农业生产搞上去。会议强调，首先要从思想上转好，要解放思想。

2月27日 安徽省开放粮油集市贸易，在完成国家粮油征购任务后，允许粮油上市。

3月15日—21日 全省知识青年上山下乡工作会议召开，提出要大办各种集体事业，做好知识青年安置工作。10月4日，省委发出通知，要求统筹兼顾，从实际出发，鼓励和扶持集体所有制企业，进一步做好待业青年安置工作。

4月 蚌埠市在全市工交、财贸企业试行扩大企业自主权，企业的生产积极性普遍得到提高。8月15日，省委转发《关于蚌埠市扩大企业自主权问题的调查报告》，要求各地予以推行。

5月13日—25日 省委召开工作会议，传达中央四月工作会议精神，就贯彻落实国民经济"调整、改革、整顿、提高"的方针作出安排。

6月14日 省委印发《关于试行超计划利润奖的意见》，规定企业在完成国家下达的经济技术指标基础上，按一定比例提取超计划利润作为企业内部奖金。

7月11日—16日 邓小平视察安徽并游览黄山。视察期间，邓小平听取省委和徽州地委的工作汇报，提出要"把黄山的牌子打出去"，发展好旅游事业和山区经济。

9月10日—30日 万里率安徽省代表团访问美国马里兰州。1980年6月10日，安徽省与马里兰州正式签署友好省州关系协议书。这是中美建交后缔结的第二对友好省州。

10月4日—9日 全省物价工资会议召开，提出要利用价值规律作用，把计划调节和市场调节结合起来，合理调整物价，适当调整工资，贯彻按劳分配，反对平均主义，调动各方面积极性。

10月9日 安徽省决定扩大工业企业自主权试点，1979年在89个条件较好的工业企业推广实行，翌年增加至174个。

12月19日 省委批转全省组织部长会议的情况报告，强调要大胆选拔使用中年干部，大力培养青年干部，充分发挥老干部的作用，搞好传、帮、带。

12月 蚌埠被建材部确定为新型材料重点开发城市。

一九八〇年

1月1日 省五届人大常委会举行第一次会议，标志着省人大常委会开始依法行使职权。7月2日，省五届人大常委会第四次会议通过《安徽省各级人民代表大会选举实施细则（试行）》，这是省人大历史上制定的第一部法规。

1月2日—5日 省委召开全省工业会议，提出要了解市场，懂得市场，学会做生意，生产适销对路产品，要把调整的重点放在大力发展轻纺工业上。

1月2日—11日 省委召开全省农业会议，总结推行农业生产责任制的情况，充分肯定肥西县实行包产到户、凤阳县实行大包干的做法和经验。万里在会上作《要敢于改革农业》的讲话，强调不论哪种形式的责任制，只要有利于充分调动群众的生产积极性，有利于发展生产，符合群众的意愿，得到群众的拥护，就应当允许试行。

2月23日—26日 全省计划生育工作会议召开，提出要坚持"两种生产一起抓"，开展计划生育运动，把重点转移到一对夫妇只生育一个孩子上来。

3月24日 省委印发《关于以学习贯彻〈准则〉为中心对全省党员干部进行一次思想政治教育的通知》。教育活动以学习、贯彻执行《关于党内政治生活的若干准则》和整顿党风党纪为中心。

3月28日 国务院批准设立芜湖海关。4月10日，芜湖港被批准为对外贸易港口。

4月15日 省委转发《全省科技干部工作会议纪要》，提出发掘人才、解决用非所长、大胆选拔优秀科技人员到领导岗位以及提高科技人员政治、生活待遇等 12 条政策。

5月21日—27日 省委、省政府召开全省山区工作座谈会，着重研究如何发挥山区优势把经济搞活，尽快使山区富起来。

5月31日 邓小平在与中央有关领导同志谈话中指出："安徽肥西县绝大多数生产队搞了包产到户，增产幅度很大。'凤阳花鼓'中唱的那个凤阳县，绝大多数生产队搞了大包干，也是一年翻身，改变面貌。有的同志担心，这样搞会不会影响集体经济。我看这种担心是不必要的。"谈话稳定了安徽农村以双包到户为主的家庭联产承包责任制改革，推动了全国农村改革进程。

8月4日 省政府颁布《安徽省个体经济工商税收试行办法》，规范个体工商户税收工作。

10月2日 省委印发《关于加速发展林业的决定》。

10月9日 省委、省政府印发《关于大力发展渔业的决定》，要求放宽政策，把渔业经济搞活。

12月12日 省政府印发《安徽省环境管理规定》。

12月 全省规划扶贫试点经验交流会在固镇县召开。从 1979 年秋到 1980 年 11 月，全省有 47 个县市、281 个公社开展了扶贫工作，受到帮扶的严重困难户超过 6500 户。

一九八一年

1月11日—19日　省委召开工作会议。根据党中央确定的调整国民经济方针，省委提出：基建要下，生产要上，开支要减，财政要平，物价要稳，市场要活。

1月　来安县扶贫委员会成立。该县规定凡人均口粮不足150公斤、经济收入60元以下的均列为扶贫对象，由各级干部分头包干，限期脱贫。1982年3月9日，省政府在来安县召开全省第一次农村扶贫工作会议；9月20日，民政部、国家农委转发《安徽省关于农村扶贫工作的报告》，推广来安县的扶贫做法。

5月6日　省委批转省总工会党组《关于推行职工代表大会制度情况和意见的报告》，要求两年内逐步恢复和建立在党委领导下的职工代表大会制度。

6月25日—29日　省委、省政府召开全省林业工作会议，部署稳定山林权、划定自留山、确定林业生产责任制的林业"三定"工作。到1983年6月，林业"三定"工作基本完成。

7月11日　省委、省政府批转省科委《关于贯彻科技工作为经济建设服务的方针意见》，提出全省科技工作的主要任务是抓好一批重点科研项目，开展经济技术的调查研究，加强厂矿企业的科技工作，大力抓好科技成果的推广应用。

7月22日　省委召开书记办公会议，讨论煤炭生产和基本建设问题，提出煤炭可以作为安徽的一个重要经济支柱，必须扎扎实实地把煤炭生产进一步抓上去。

8月1日 省委印发《关于工商企业实行经济责任制问题的通知》。

8月 人民公社体制改革试点工作在凤阳县考城公社率先试行。1983年2月8日至9日，省委召开会议，部署人民公社体制改革全省试点工作。1984年春，农村人民公社体制改革基本完成，全省3300多个人民公社被撤销，设立乡级基层政权组织，实行党、政、企分设。

9月19日 省委、省政府印发《关于减轻农民负担问题的规定》，要求解决非生产人员过多、补助标准过高、非生产性开支过大等问题。这是全国较早提出解决农民负担问题的文件。

9月21日—26日 省委、省政府召开多种经营座谈会，提出要解放思想，振奋精神，大干巧干，多种经营，力争实现到1985年人均收入达到200元、300元、400元、500元各占四分之一的目标。

11月12日 省直暨合肥市直属机关处级以上干部会议召开。19日，全省地、市经委主任会议召开。在这两次会议上，省委第一书记张劲夫提出要大力抓工业，学上海，学沿海，尽快把安徽工业生产搞上去。

一九八二年

1月1日 中共中央批转《全国农村工作会议纪要》，肯定包产到户等各种生产责任制都是社会主义集体经济的生产责任制。12月，省委印发《关于进一步稳定完善联产承包责任制的意见》。到年底，实行包干到户和包产到户的生产队达到 98.8%，家庭联产承包责任制在全省范围内普遍推广。

同日 由安徽省纺织厅和上海市纺织局合资经营的沪皖纺织联合开发公司在马鞍山成立。这是全国最早实行跨地区联合的企业。

1月19日—20日 省五届人大常委会第十二次会议作出《关于开展全民义务植树运动的决定》。1995年4月24日，省八届人大常委会第十六次会议通过《安徽省全民义务植树条例》。

1月28日 省委、省政府印发《关于大力发展社队企业的决定》，提出"放手发展，阔步前进"的方针。11月，省委、省政府印发《关于切实保障社队企业自主权若干问题的规定》。

2月15日—19日 全省社会治安综合治理会议在安庆召开，提出要依法从重从快打击重大刑事犯罪分子，坚决打击经济领域的犯罪活动。1983年9月15日，省六届人大常委会第三次会议通过《关于严厉打击严重危害社会治安的犯罪分子的决议》。

2月 省委印发《关于开展"五讲四美""全民文明礼貌月"活动的通知》，部署在全省开展以讲文明、讲礼貌、讲卫生、讲秩序、讲道德和心灵美、语言美、行为美、环境美为主要内容的第一个"全民文明礼貌月"活动。

3月22日—24日 省委召开小城镇建设座谈会。会议指出,加强小城镇建设是一项具有战略意义的大事,要积极发展小城镇经济,使其成为改变农村面貌的前进基地。1984年6月26日,省委、省政府印发《关于小城镇建设若干问题的暂行规定》。

9月13日 省委印发《关于学习、宣传和贯彻执行党的十二大文件的通知》,要求把学习、宣传和贯彻执行十二大文件精神作为今后一段时间政治工作的中心任务,同心同德,扎实工作,为完成十二大确立的在20世纪末实现工农业生产总值翻两番的目标任务而努力奋斗。

10月5日—9日 全省引进技术工作会议指出,利用外资、引进技术,是一项迫在眉睫的任务,要解放思想,提高认识,消除顾虑,大胆工作。

10月24日—11月1日 胡耀邦视察安徽,先后到砀山县、萧县、淮北市、合肥市、滁县、巢县、芜湖市、屯溪市等地,听取安徽省委和有关地市县委的工作汇报,就如何搞活流通、大力发展农村多种经营和电气化、城市经济改革与就业、实现领导班子新老交替等问题作出指示。

11月8日 黄山、九华山、天柱山被列为第一批国家名胜风景区。

12月20日 省委印发《关于加强党员教育工作的意见》,要求各级党委在今后几年内切实抓好以新党章为主要内容的党员教育,使党员教育走向系统化、经常化、制度化。

一九八三年

3月18日　省委、省政府印发《关于鼓励农民承包荒山造林加快绿化步伐的通知》，规定林木谁造谁有，承包合同一定三十年不变，允许继承。

3月25日—31日　省委召开全省教育工作会议，要求在1990年以前实现普及初等教育，基本扫除文盲。1985年7月，绩溪县实现普及初等教育，成为全省第一个基本无盲县。

4月6日　省委印发《关于改进领导作风和工作方法的十条规定》。

4月8日　国家计委批准在中国科学技术大学建立国家同步辐射实验室。这是我国第一个国家级实验室。1984年11月20日，合肥国家同步辐射实验室举行奠基典礼。1989年4月26日，合肥同步辐射装置建成出光。

4月14日　省直机关机构改革动员大会召开。省直机关和地、市机构改革同步进行。1984年进行县级机构改革，到同年9月全省各级党、政、群机关机构改革工作基本结束。

5月25日　省政府印发《关于支持农村专业户、重点户发展商品生产的若干规定（草案）》。

6月1日　全省企业利改税第一步改革开始实施，实行所得税和调节税两个税种。1984年10月1日，全省企业开始进行第二步利改税工作，由税利并存过渡到完全以税代利。

6月18日 省政府与庐江、肥西、六安、霍邱、长丰、寿县、天长、凤阳八县签订建设商品粮基地县协议书。1986年，8个商品粮基地县全部建成。1987年，安徽确立再建设10个商品粮基地县的任务。

6月24日 省委、省政府印发《关于加强和改革普通教育的决定》。9月19日，省委、省政府印发《关于加强高等教育工作的决定》。

9月24日—28日 安徽省文明村建设座谈会在宁国县中溪乡召开。会议提出，把治村（治脏、治乱、治穷）育人（教育农民成为有理想、有道德、有文化、守纪律的新型劳动者）作为建设文明村的主要内容。

10月27日—11月1日 省委召开工作会议，传达贯彻党的十二届二中全会精神，部署开展整党工作。1987年6月，全省整党工作基本结束。

11月24日—30日 全省组织工作会议召开，提出要坚决贯彻执行干部队伍革命化、年轻化、知识化、专业化的"四化"方针，改革领导班子的结构和干部制度。

一九八四年

1月14日、17日　省委常委会连续举行会议，研究运用现代新技术加快经济建设步伐问题。4月19日，省委、省政府印发《关于促进科学技术面向经济建设若干问题的暂行规定》。

1月29日—2月3日　全省农村工作会议召开，提出要在保证农业生产稳步增长的基础上，重点解决"无工不富，无商不活"的问题。

2月20日—25日　全省城镇劳动就业工作会议在界首召开。从1979年到1983年，全省共安排110多万人就业，缓和了城镇就业矛盾，知识青年上山下乡遗留问题基本得到解决。

3月20日　省委、省政府印发《关于进一步完善工商企业经济责任制的通知》，要求进一步解放思想，大胆改革，完善工商企业经济责任制。

3月　省委、省政府决定改革奖金发放办法，明确国营企业发放奖金试行与经济效益挂钩，允许成绩突出的职工多拿奖金。

4月上旬　省委、省政府发布发展县级经济12条措施。

4月19日　省委提出到20世纪末，建设长江经济带、两淮经济区、皖南旅游区和合肥科技中心四大基地的战略设想。

同日　省委、省政府印发《关于改革企业干部管理制度的若干规定》《关于城镇新办集体经济若干问题的暂行规定》。

5月15日　省委、省政府印发《关于尽快打开利用外资和引进技术工作新局面的通知》，提出要大胆同外商打交道，利用外资，引进各种适合安徽需要的先进技术。1984年，全省签约利用外资329万美元，比1983年增长5.6倍。

同日 省委、省政府批复蚌埠市在全省率先开展以城市为中心的经济体制综合改革试点工作。

7月25日 省政府印发《关于加快发展乡镇企业若干问题的暂行规定》。9月，省委、省政府召开全省乡镇企业工作会议，提出从安徽实际出发，从小商品、小规模起步，区、镇、乡、村、联户、户办"六个轮子"一起转的发展思路。

7月29日 安徽省射击运动员许海峰在第二十三届奥运会上夺得中国奥运史上第一枚金牌。

7月 安徽省第一家中外合资经营企业——中国安利人造革有限公司在合肥成立。

8月17日 省六届人大常委会第九次会议通过《关于进一步加强城市经济体制改革和对外开放工作的决定》《安徽省保护妇女儿童合法权益的若干规定》《安徽省实行计划生育若干规定》。

9月 省委、省政府召开建设安徽长江经济带座谈会，提出"工贸并举、内外相连、城乡结合、各具特色、综合发展"的建设指导思想。

10月13日 省六届人大常委会第十次会议通过《安徽省普及初等义务教育若干规定》。

10月22日 邓小平在中顾委全体会议讲话中谈到雇工问题时指出：雇工问题"我的意见是放两年再看。那个能影响到我们的大局吗？如果你一动，群众就说政策变了，人心就不安了……让'傻子瓜子'经营一段，怕什么？伤害了社会主义吗？"1992年初，邓小平在视察南方途中指出："农村改革初期，安徽出了个'傻子瓜子'问题。当时许多人不舒服，说他赚了一百万，主张动他。我说不能动，一动人们就会说政策变了，得不偿失。"

10月28日—31日　省委、省政府召开全省山区及贫困地区会议，提出贫困地区的标准及扶持的政策性措施。会议确定岳西、金寨、霍山、太湖、潜山5个重点贫困县，后经国务院批准，予以重点扶持。

11月5日　省政府印发《安徽省劳动合同制试行办法》《安徽省合同制工人社会保险福利待遇试行办法》。

11月7日—12日　省委常委会扩大会议召开，学习贯彻党的十二届三中全会精神，部署积极稳妥地推进以城市为重点的整个经济体制改革。

12月16日　省政府批转省计委《关于改进我省计划体制的若干意见》，变过去以指令性计划为主为指导性计划为主。

12月22日—28日　中国共产党安徽省第四次代表大会召开。大会提出，到20世纪末，力争实现全省工农业年总产值在1980年基础上翻两番半，人民生活达到小康水平，国民经济主要部门的技术装备达到发达国家80年代初的水平。

本年　集体所有制企业安庆市供销服务公司与马来西亚客商签订出口5000吨黄豆的合同，开创了我国非官方外贸的先例。

一九八五年

1月7日　省委、省政府印发《关于贯彻〈中共中央、国务院关于帮助贫困地区尽快改变面貌的通知〉的意见》，提出要集中力量帮助大别山区和沿淮行蓄洪区贫困乡改变面貌。

3月4日　省委、省政府印发《关于增强企业活力的若干暂行规定》，加快推行厂长（经理）负责制。

3月　省委批转省委宣传部、省司法厅《关于向全省公民基本普及法律常识的五年规划》。这是新时期第一个五年普法规划。到2021年，共实施八个五年普法规划。

4月　世界银行专家审查同意贷款给徽州和安庆地区修建5条农村公路，总长222.4公里。工程于5月动工，1989年年底完工。这是安徽首次获准利用世行贷款修建山区公路。

5月3日—9日　全省经济体制改革工作会议召开，确定在15个城市全面推开经济体制改革，并在22个县进行县级经济体制综合改革试点工作。6月18日，省委、省政府印发《关于进行县级经济体制综合改革试点的意见》。

7月24日　省政府办公厅转发省建设厅《关于在部分城市实行公有住宅补贴出售试点的报告》，提出在合肥、蚌埠、芜湖、安庆、阜阳五市和界首县进行公有住宅补贴出售试点，取得经验后扩大到全省。

8月20日—9月10日　安徽省首次大型对外经济贸易洽谈会在

合肥举办，来自 27 个国家和地区的 360 多名客商参会，实现进出口成交额 1 亿多美元。

8 月 27 日 省委、省政府印发《关于教育体制改革若干问题的规定》。明确提出，全省在十五年内实现九年制义务教育，大力发展职业教育，努力办好高等教育，建立一支合格而稳定的师资队伍，多渠道解决教育经费。

同日 省委、省政府印发《关于贯彻〈中共中央关于科学技术体制改革的决定〉的若干意见》，确定扩大研究所自主权等 8 条改革措施。

9 月 11 日 省政府批转省卫生厅《关于卫生工作改革若干问题的报告》，提出实行国家、集体、个人一起上，多层次、多渠道、多形式办医的改革方针，调动各方面积极性，提高卫生服务质量和管理水平。

9 月 11 日—20 日 首届全国中药材交流大会在亳州举办，达成交易额 1.1 亿元。

9 月 国家环保局批准建立铜陵白鱀豚养护场。该场 2006 年 2 月升级为铜陵淡水豚国家级自然保护区。

10 月 28 日 省政府印发《安徽省国营企业工资改革实施方案》，部署推行国营企业工资改革，克服企业工资分配中的平均主义、吃"大锅饭"的弊病。

12 月 22 日—25 日 省委召开全省思想政治工作座谈会，提出要坚持物质文明建设和精神文明建设一起抓的方针，争取党风和社会风气的根本好转。

12 月 26 日 省政府办公厅转发省建设厅、省农牧渔业厅《关于加强农业生态环境保护工作的报告》，提出要发展生态农业，建设生态农村。

一九八六年

1月30日—2月2日 全省农村工作会议召开，提出要继续调整农业产业结构，促进乡镇企业更大发展，进一步搞活流通，以服务为中心完善合作制，加强和完善合同制，切实减轻农民负担，尽快把新兴科学技术引向农村，加速改善农业生产条件，切实帮助贫困地区改变面貌，继续搞好县级经济体制综合改革。

2月3日 省政府印发《安徽省科学技术进步奖励暂行规定》。1987年2月27日，安徽省首届科学技术进步奖授奖大会召开，500个项目获奖。

2月6日 省委印发《关于抽调万名干部到基层帮助工作的通知》，决定从县以上党政机关、群众团体和事业单位抽调万名干部，到农村基层和厂矿企业帮助工作。

2月 省政府发布关于保护城乡个体工商业者合法权益的布告，规定城乡个体工商业者的合法财产和收入受国家法律保护，任何单位和个人不得侵占。

3月1日 省六届人大常委会第二十次会议通过《安徽省禁止赌博条例》《关于禁止乱派款、乱收费，减轻农民和企业负担的决议》。

3月 国家重点建设工程——淮北临涣选煤厂开工建设。1990年6月建成投产，年原煤入洗能力300万吨。

4月5日 省委、省政府印发《关于进一步搞活商品流通的若干规定》。

4 月 21 日—28 日 省六届人大四次会议召开，审议通过《安徽省国民经济和社会发展第七个五年计划》，提出要进一步改善城乡人民生活，使贫困地区人民的生活开始由温饱向小康型过渡。

5 月 10 日 安徽省旅游工作会议召开，提出把振兴旅游业作为全省经济发展的战略重点来抓，使旅游业成为增强全省经济实力的新兴力量。

5 月 15 日—20 日 全省农村群众文化工作会议在阜阳召开，研究乡镇文化中心和文化站的建设与发展问题，要求多渠道、多形式地发展农村文化事业。

5 月 31 日—6 月 3 日 全省经济体制改革工作会议召开，要求打破条块分割和部门封锁，扶持和保护横向经济联合，增强中心城市的辐射功能，开拓和完善社会主义统一市场。

5 月 省政府确定依托中心城市设立皖北、皖中、沿江、皖南四个经济协作区。

6 月 21 日 省委、省政府印发《关于贯彻〈中共中央、国务院关于加强土地管理、制止乱占耕地的通知〉的意见》，要求各地认真清理非农业用地，制定和完善土地利用规划。

7 月 4 日—9 日 全省革命老区贫困地区重点县扶贫工作会议召开，提出脱贫致富的第一位工作是扶贫扶志。

10 月 31 日—11 月 4 日 省委四届五次全体（扩大）会议召开，学习贯彻党的十二届六中全会通过的《关于社会主义精神文明建设指导方针的决议》，研究部署加强精神文明建设等工作。

10 月 淮南洛河电厂首期工程建成投产，省内首台单机 30 万千瓦发电机组正式投运。

11 月 24 日 省政府印发《关于奖励外商投资的若干规定》。1990 年 11 月 14 日，省政府印发《安徽省鼓励台湾同胞投资的规定》。

一九八七年

1月4日—10日 全省农村工作会议提出，要在保证粮食生产持续增长的前提下，继续保持乡镇企业蓬勃发展的好势头，大力发展庭院经济，进一步搞活农村流通，加强农村科学技术工作，增加农业投入，加快贫困地区脱贫步伐，加强农村精神文明建设。

3月5日 省委、省政府印发《关于进一步落实全民所有制工业自主权增强企业活力的有关规定》。

3月14日 中央农村政策研究室和省委、省政府决定在阜阳建立乡镇企业制度建设试验区，围绕乡镇企业内部制度建设、改善企业外部环境和规范政府部门行为三个方面开展试验。至1988年4月，阜阳试验区20个试验项目全部出台。

3月24日 蚌埠市被列为全国住房制度改革首批试点城市。1988年9月5日，省政府印发《关于在全省城镇分期分批推行住房制度改革的实施方案》，确定改革目标是实现城镇住房商品化。1998年，全省城镇住房停止实物分配。

5月9日—11日 省计委、省老区办召开贫困地区经济发展规划工作会议，提出全省贫困地区经济发展规划的总体设想。第一阶段："七五"期间，解决温饱，初步摆脱贫困；第二阶段："八五"期间，进一步发展生产，起步致富；第三阶段："九五"期间，即到2000年，赶上全省经济发展水平，步入小康。

6月14日—18日 中国共产党安徽省代表会议召开，强调要进一步增强贯彻执行党的十一届三中全会以来路线的自觉性，集中精力抓好经济工作，认真抓好党的经常性建设。

8月29日 省六届人大常委会第三十一次会议通过《巢湖水源保护条例》，自1988年1月1日起施行。

9月11日—14日 全省乡镇企业会议召开，提出发展乡镇企业是振兴安徽经济的一项战略任务，是全局性工作，各级领导特别是县一级，要把这项任务摆在突出位置上。

9月 安徽省实现人人享有卫生保健研讨会召开，提出到2000年，全省90%的县（市）实现初级卫生保健目标。

10月9日—13日 全省贯彻全民所有制工业企业"三个条例"及经济工作会议召开，提出国营企业要普遍推行厂长（经理）负责制。

10月 全省第一家农村股份合作制企业——蒙城县振华实业股份有限公司成立。

12月21日 全省社会治安综合治理工作会议在马鞍山召开，会议明确"谁主管、谁负责"的原则，提出综合治理工作要为治理经济环境、整顿经济秩序、全面深化改革创造一个良好的社会环境。

一九八八年

2月5日 省委召开省直机关干部大会，提出"远学粤闽，近学江浙"口号，要求在全省范围内开展一次大讨论、大发动，进一步加快安徽改革开放步伐和经济发展速度。

2月28日—3月1日 全省贫困地区经济开发工作会议召开，提出要增强紧迫感和责任感，把脱贫致富作为全部工作的中心任务。

3月7日 省政府印发《关于改进工作方法和工作作风的规定》。

4月14日 省政府印发《关于全民所有制事业单位实行承包责任制的若干规定（试行）》，决定在全民所有制事业单位全面实行承包责任制。

4月16日 省政府决定向芜湖、马鞍山、安庆、铜陵四市下放包括财政、项目审批、外贸等七个方面的权力，给予其更大的自主权和财力、物力支持。

4月27日 省政府印发《关于加快和深化外贸体制改革的暂行规定》，确定下放外贸经营权，全面推行承包经营责任制。

6月30日—7月2日 全省旅游工作会议提出，要以效益为中心、以创汇为重点，把黄山推向国际旅游市场，把全省旅游业推向新水平。

8月4日 省委印发《关于在全省深入开展生产力标准讨论的通知》。

8月12日 省委、省政府印发《关于大力发展开发性农业的决定》，要求各地根据资源优势，抓住名、优、特、新产品进行重点开发，特别是突出抓好"四荒"（荒山、荒坡、荒水、荒滩）、"四边"（路边、水边、田边、村边）、"三低"（低产田、低产水、低产林）的开发。

8月22日—30日　省委召开地委、市委书记会议，提出要继续发展和完善企业承包经营责任制，努力实现"一个稳定增长（粮食），两个加快发展（开发性农业和乡镇企业）"。

10月19日—24日　省委四届九次全会召开，学习贯彻党的十三届三中全会精神，讨论、研究和部署全省治理整顿和深化改革工作。全会提出，要控制物价过快上涨，整顿经济秩序，压缩社会总需求，增加有效供给，全面深化改革。

10月31日　省七届人大常委会第六次会议通过《关于加强法制工作、推进治理经济环境、整顿经济秩序、全面深化改革的决议》。

12月11日—13日　全省农村工作会议召开，提出把建立健全社会化服务体系作为深化农村改革的重点，大力促进农科教多位一体，充分发挥教育和科技在农业发展中的重要作用。

12月25日　省七届人大常委会第七次会议通过《安徽省保护消费者合法权益条例》，自1989年2月1日起施行。

本年　安徽启动实施"菜篮子"工程。2010年5月，安徽启动新一轮"菜篮子"工程建设。

一九八九年

1月16日—17日 沿淮行蓄洪区智力扶贫工作会议召开。会议提出，实行智力开发与经济开发并举、治愚与治穷同步进行的方针，每年帮助贫困县培训一批中初级人才，推广一批当地适用的新技术，开发一批新项目。

2月25日 省计委印发《关于下达省黄淮海平原（1988—1990）农业综合开发治理项目总体规划的通知》，规划三年总投资8.8亿元，主要用于土、水、田、林、路的综合治理。

3月11日—15日 全省党的建设工作会议召开。会议强调：必须坚持两手抓，在思想政治领域关键要抓好党的建设；正确认识党的现状，坚定树立搞好党的建设的信心；新时期党的建设必须保证党的基本路线的贯彻执行；坚持从严治党，进一步增强党的凝聚力和吸引力。

3月 省委印发《关于县（市）委加强对基层党组织建设领导的若干意见》，提出必须把基层党建工作作为考核县委领导班子的重要内容。

5月4日 省委印发《关于学习新中村党支部带领群众艰苦创业精神的决定》，要求各级党组织加强自身建设，增强凝聚力、吸引力和战斗力，进一步推进两个文明建设。

5月5日 合肥海关正式开关，负责安徽全境进出关的监督管理以及征收关税的业务工作。

9月9日 省委、省政府印发《关于动员全省人民实现五年消灭荒山、八年绿化安徽目标的决定》。到1994年年底，安徽省实现基本消灭宜林荒山目标，受到党中央、国务院表彰。

11月30日 省政府印发《关于进一步加强爱国卫生工作的通知》，要求坚持不懈地开展群众性除"四害"（老鼠、苍蝇、蚊子、蟑螂）活动，加快农村改水步伐，做好重大疫情、中毒事故等突发事件的防范、控制工作。

11月 国务院十二项重大技术装备之一的平圩发电厂2×60万千瓦燃煤机组工程建成投产，其中1号机组是国产首台60万千瓦火电机组。该工程为中国制造大型火力发电厂提供了国产样机和建设经验，在中国电力工业史上树立了新的里程碑。

一九九〇年

1月19日 省老区扶贫开发工作领导小组会议提出，集中攻坚，当年解决好105万人的温饱问题。

2月中旬 省政府批准建立合肥科技工业园。1991年3月18日，国务院批准合肥科技工业园为合肥国家高新技术产业开发区。这是全国首批、安徽第一家国家级高新区。

2月25日—3月3日 中国共产党安徽省第五次代表大会召开。大会提出今后五年的奋斗目标：保持国民生产总值年递增6%，为提前实现翻两番、人民生活达到小康水平打下坚实基础。

2月28日 省政府印发《关于依靠科技进步振兴我省农业若干问题的决定》。

4月10日 省政府部署在全省开展清理"三角债"工作，要求把清理"三角债"作为治理整顿、深化改革、促进工业生产稳步增长的重要任务。

5月19日 全国第一所希望小学——金寨县希望小学在南溪镇落成，由徐向前元帅题写校名。至2015年5月，安徽省希望工程共筹集资金4.58亿元，资助贫困学生22万多名，援建希望学校826所，先后有6所希望小学被评为"全国模范希望小学"。

6月8日 省委印发《关于加强全省党的农村基层组织建设的决定》，要求各级党委切实下功夫抓好党的农村基层组织建设，使农村基层组织成为坚强的领导核心和战斗堡垒。

7 月 12 日—13 日　省委在芜湖召开常委会会议，提出抓住机遇、开发皖江、强化自身、呼应浦东、迎接辐射、带动全省的战略方针，掀起新一轮皖江开发开放的热潮。26 日，省加快沿江地区经济开发开放动员大会在合肥召开，要求迅速行动，扎实工作，加快沿江地区经济开发开放步伐。

7 月 17 日　省政府印发《关于进一步加强土地管理工作的通知》，要求积极稳妥地推进土地使用制度改革，坚持"节流"与"开源"并举的方针。

8 月 13 日　安徽省利用世界银行贷款造林项目协议书签订。项目总投资 1.75 亿多元，其中世行信贷 2212 万美元，地方配套资金 7125.4 万元，用于营造 7 万公顷速生丰产林基地。这是安徽省首次大规模利用外资造林项目。

8 月 23 日—25 日　省政府在桐城县召开全省乡镇企业工作会议，指出乡镇企业是全省经济发展的重要支柱，事关全局，要保持稳定发展。

9 月 8 日　联合国官员考察颍上县小张庄生态农业村建设情况，称赞小张庄是发展中国家学习的榜样。1991 年，小张庄被联合国环境规划署授予"全球 500 佳环境奖"称号。

10 月 11 日—15 日　安徽组织大规模旅游推销活动。来自新加坡、泰国、菲律宾等国家和中国台湾地区的三十多位旅行社的董事长或总经理，到黄山、合肥等地进行"青山秀水古风情"考察活动。

11 月 26 日　芜湖朱家桥外贸码头正式交付使用，结束了安徽无万吨级码头的历史。

11 月 29 日—30 日　全省第四次"扫黄"工作会议召开，强调要牢固树立常抓不懈的思想，把"扫黄"斗争引向深入。

12 月 5 日—7 日　全省第三次环境保护会议召开，制定"八五"

期间以"2957"工程为主的全省环保工作规划，即治理巢湖、淮河2个水域，综合治理9个省辖市的环境，削减电力、冶金、化肥、酿造、造纸5个主要污染行业的污染排放量，规划建设70个自然保护生态试点。

12月6日 中日合资安徽省安东铸造有限公司成立。这是当时全省最大的中外合资企业。

12月7日—12日 在联合国教科文组织世界遗产委员会第十四届会议上，黄山被作为世界文化与自然双遗产列入《世界遗产名录》。2004年2月，黄山被联合国教科文组织评定为首批世界地质公园。

12月16日 全国第一条H型钢生产线在马钢建成投产。

一九九一年

1月15日 省委、省政府印发《关于加强农业社会化服务体系建设的决定》。

1月31日—2月3日 全省经济工作会议召开，提出要把企业推到市场上去考验，在竞争中求发展，通过开展"质量、品种、效益年"活动，把企业的技术、管理水平提高到一个新的高度。

3月7日 省委、省政府印发《关于切实减轻农民负担的通知》，要求各地坚决控制农民负担总量。

3月20日 世界卫生组织、国家卫生部联合评审组宣布：安徽省如期实现了以县为单位儿童计划免疫接种率达到85%的标准。

3月21日—22日 全省农村通信工作会议召开，讨论通过《关于加速农村通信发展的若干意见》。

4月17日—19日 全省扶贫开发工作暨表彰会议召开。会议提出，全省"八五"期间要围绕"两个稳定"（即稳定地解决群众温饱、贫困户有稳定的经济收入来源），加快老区、贫困地区的经济开发，为顺利实现由解决温饱转入脱贫致富的新阶段而努力。会议表彰了"七五"扶贫开发119个先进集体和154名先进个人。

5月1日 全省统一调整粮油统销价格，提高粮食和食用油统销价，取消地区差别，实行全省统一价，国家对职工进行适当补贴。

5月2日 安徽省证券公司开业，这是全省第一家专营证券机构。2001年，在整合原安徽省证券公司、安徽证券交易中心证券类资产基础上，成立华安证券有限责任公司，这是安徽省最早设立的综合类证券公司。

6月4日 省委、省政府印发《关于加快淮北地区农业综合开发和经济发展的意见》。

6月8日 铜陵市开展"理思路、抓落实、奔小康"为主题的解放思想大讨论。11月14日，一篇4000多字长文《醒来，铜陵！》刊登在《铜陵报》的头版头条，把大讨论推向高潮。1992年年初，《经济日报》连续发表《醒来，不只是铜陵》系列报道，并配发评论员文章。

6月9日—16日 李鹏在安庆、黄山、马鞍山、芜湖、滁县、合肥等地考察，与各地党政干部座谈，共商落实国民经济和社会发展十年规划和"八五"计划的措施以及振兴安徽经济的大计。

6月 安徽省首批选派31名干部到工业基础比较薄弱的县挂职工作。

夏 安徽发生特大洪涝灾害。全省受灾人口4400万人，其中重灾群众1372.9万人，特重灾群众1458.9万人。在党中央和国务院的坚强领导下，安徽党政军民齐心协力、团结奋战，夺取了抗洪救灾斗争的全面胜利。

7月7日—8日 江泽民视察安徽灾情，指导抗洪救灾工作，勉励广大干群振奋精神，团结协作，战胜自然灾害。11月18日至23日，江泽民视察安徽灾后重建工作。

8月2日 省委、省政府分别印发《关于认真坚持干部参加集体生产劳动制度的通知》《关于建立县以上党政群机关干部下基层制度的通知》。

9月14日—15日 省委五届四次全会召开，总结三个多月来的抗洪救灾工作，部署生产救灾任务。17日，省委、省政府印发通知，要求进一步做好受灾群众生活安排和恢复生产、重建家园工作。

9月 国务院召开治理淮河和太湖会议，确定在淮河流域四省兴建19项治淮骨干工程，其中以安徽省为重点，共有14项。10月12日至14日，省政府召开治淮工作会议，全面部署近期治淮工作，明确今后十年的主要治淮任务。11月16日，怀洪新河工程开工建设，安徽开始第二次大规模治淮。

10月4日 合宁高速公路（安徽段）建成通车。这是安徽境内第一条高速公路。

10月28日—31日 全省国营大中型企业工作会议在马鞍山召开。会议研究制定若干政策措施，推动国营大中型企业增强活力、提高效益。11月25日，省委、省政府印发《关于搞好国营大中型工业企业的若干政策措施》。

12月10日—13日 省委五届五次全会召开，学习贯彻党的十三届八中全会精神，指出要进一步树立大农业的观念，保持粮食稳定增长，大力发展高产高效农业，继续抓好扶贫开发，开创农业和农村工作新局面。

12月23日 省七届人大常委会第二十七次会议通过《安徽省保护老年人合法权益的规定》《安徽省村镇规划建设管理条例》。

一九九二年

1月21日 省委、省政府召开全省地市委书记、专员市长会议，研究部署撤区并乡工作。22日，省委、省政府印发《关于认真做好撤区并乡工作的通知》。3月初，撤区并乡工作基本结束，全省463个区公所全部撤销，乡（镇）由3383个合并为1769个。

1月22日—24日 全省房改工作会议召开，宣布自1992年起全面推行住房制度改革。房改的原则是国家、集体、个人三者共同合理负担解决住房问题。7月15日，省政府印发《安徽省城镇推行住房制度改革的意见》。

1月25日—28日 全省经济工作会议召开，强调要狠抓机制转换，继续调整结构，推进技术进步，促进经济增效益、上水平。

3月6日—14日 省七届人大五次会议召开，审议通过《安徽省国民经济和社会发展十年规划和第八个五年计划纲要》。《纲要》提出今后十年的奋斗目标：在提高经济效益和国民经济整体素质的前提下，国民生产总值年平均增长率"保七争八"（年递增7%~8%），2000年全省国民生产总值比1980年增长4~4.5倍，人民生活达到小康水平，为21世纪初叶安徽经济社会持续发展打下坚实基础。

3月15日—16日 省委五届六次全会召开，学习贯彻中央关于加快改革开放的重要指示和邓小平关于建设有中国特色社会主义的重要论述，通过《关于深化改革扩大开放加快经济发展若干问题的决定》。

3月22日 省委、省政府印发《关于切实做好向乡镇简政放权工作的意见》。

4月28日 省政府印发《关于加快发展乡镇企业若干问题的决定》。9月，省委、省政府决定实施"1235"工程，通过重点扶持10个县（市、区）、20个乡镇、30个村、50个企业，发挥其影响和辐射作用，推动全省乡镇企业大突破、大发展。

5月14日—16日 省委、省政府在芜湖召开皖江开发开放座谈会，提出要在对外开放、优化投资环境、发展第三产业、增强发展后劲、发展城市工业和乡镇企业、依靠科技推动经济发展等方面实现新突破。

6月6日—8日 全省科技工作会议提出，依靠科技是振兴经济的唯一选择，党政一把手要抓好"第一生产力"。28日，省委、省政府作出《关于依靠科技进步推动经济发展若干问题的决定》。

6月23日 安徽省首次表彰精神文明建设"五个一工程"获奖单位和作品，庆祝建党70周年文艺晚会和7部作品获奖。至2019年年底，共评选表彰15届。

7月16日 省委、省政府印发《关于加快发展第三产业的试行意见》。

7月30日 国务院批准芜湖、合肥为对外开放城市，实行沿海开放城市政策。

8月30日 省七届人大常委会第三十二次会议通过《安徽省社会治安综合治理条例》。

9月15日 省政府印发《安徽省企业职工养老保险暂行规定》。1997年12月，省政府印发《安徽省统一企业职工基本养老保险制度实施方案（试行）》。2006年8月，省政府印发《关于完善企业职工基本养老保险制度的决定》。

11月24日—28日　省委五届八次全体（扩大）会议召开，提出：要深入学习领会党的十四大精神，进一步解放思想换脑筋；围绕建立社会主义市场经济体制，结合安徽实际，大胆创新，勇于开拓；以邓小平同志建设有中国特色社会主义的理论为指导，加强党的建设，改善党的领导，为安徽经济腾飞而努力奋斗。

11月　省政府印发《关于加快发展农村社会养老保险事业的通知》，要求各地加快试点工作进度，年内完成试点工作。到年底，全省农村社会养老保险试点发展到19个县（市、区）。

本年　安徽省提出以"一线两点"带动和促进全省开发开放发展战略。"一线"，是指以芜湖为突破口的沿江一线；"两点"，是指合肥的开发开放和黄山的国际旅游发展。

一九九三年

3月9日—10日 全省教育工作会议召开，提出要大力加强基础教育，积极发展职业技术教育，加强师资队伍建设，大力扫除文盲。

3月22日 省政府发出通知，要求进一步放宽政策，营造环境，加快发展个体私营经济。

4月4日 国务院批复设立芜湖经济技术开发区，实行沿海经济开发区政策。11月10日，省八届人大常委会第六次会议审议通过《芜湖经济技术开发区条例》，这是全省第一部涉外经济法规。

4月26日 省政府印发《安徽省全民所有制工业企业转换经营机制实施办法》，全面落实全民所有制工业企业经营自主权，强化企业自负盈亏的责任，增强工业企业活力。

4月27日—30日 省委五届九次全体（扩大）会议召开，进一步贯彻党的十四大和十四届二中全会精神，研究如何抓住机遇、加快发展的一系列问题。会议讨论通过《关于确定农村小康生活标准的意见》《关于加快市场建设的决定》《关于进一步加强党风廉政建设，保证全省经济健康发展的意见》。

5月16日—17日 省委分别在芜湖和蚌埠召开会议，传达贯彻华东六省一市经济工作座谈会精神，提出要抓住机遇、加快发展，把握经济工作的主旋律。

6月29日 国家体改委批复铜陵市为国家综合改革试点城市。

6月 省文明委制定《安徽省文明单位管理试行办法》，标志着安徽省创建文明单位活动走向规范化。

7月2日 省委、省政府印发《关于加强我省环境保护工作的意见》，提出力争"八五"期间控制住污染发展，使全省环境质量到20世纪末有较大改善。

8月27日 国家体改委批准马鞍山钢铁公司实施股份制改制，分立马钢总公司和马钢股份有限公司。1993年11月3日和1994年1月6日，马钢股份有限公司先后在香港联交所和上海证券交易所挂牌上市，共募集资金64亿元人民币，被誉为"中国钢铁第一股"。

8月30日 美菱股份有限公司股票发行。这是全省首家公开上市股票。

9月14日 省八届人大常委会第五次会议通过《安徽省淮河流域水污染防治条例》。

9月 万燕牌CDK-320型数字影碟机在合肥研制成功。这是全球第一台VCD数字影碟机。

10月25日 省政府印发《关于实施"3358"脱贫计划的通知》。根据农村奔小康的家庭经济收入标准，提出现有300万贫困人口三年解决温饱、五年基本脱贫、八年过上宽裕生活的安徽脱贫计划目标。

10月 省政府印发《关于奖励有突出贡献科技人员的暂行规定》。

11月11日 省委、省政府印发《关于发展农村市场经济的若干规定》，确定要积极培育要素市场，重视农村市场和社会化服务体系建设，积极推行股份合作制，优化产业和产品结构。

11月30日 省委、省政府印发《关于高等教育改革和发展若干问题的决定》。1995年5月11日，省委、省政府印发《关于加快中等及中等以下教育改革和发展的决定》。1998年9月21日，省委、省政府印发《关于加快职业教育改革和发展的决定》。

12月1日　省政府印发《安徽省鼓励归侨侨眷投资兴办企业的规定》。

12月10日　省政府印发《关于促进我省开发区健康发展的若干意见》。

12月13日—17日　省委五届十次全体（扩大）会议召开，围绕建设社会主义市场经济体制，研究和部署安徽省如何进一步深化改革、优化结构、提高效益，继续保持经济持续、快速、健康发展。全会通过《关于贯彻〈中共中央关于建立社会主义市场经济体制若干问题的决定〉的决议》。

12月16日　省政府批复《关于太和县农业税费改革试点实施方案的报告》，同意在太和县进行农业税费改革试点。太和县成为全国农村税费改革的"探路者"。

本年　安徽省邮电通信实现县以上电话交换程控化、长途传输数字化和900兆赫蜂窝移动通信覆盖所有地、市、县的"两化一覆盖"目标。

一九九四年

1月14日—17日 省委、省政府召开会议，部署全省机构改革，推行国家公务员制度和工资制度改革。4月20日，省委、省政府印发《关于实施省直党政机构改革方案的通知》。8月12日，省委、省政府印发《关于实施地市党政机构改革工作的通知》。年底，机构改革基本结束。

1月 安徽省实现乡乡通电。1996年6月底，全省实现村村通电。

2月22日 省政府办公厅印发《关于鼓励留学人员来安徽工作的若干规定》。

2月26日 省八届人大常委会第八次会议通过《安徽省未成年人保护条例》。

2月 省政府决定组织实施渔业致富工程，提出到2000年水产品产量达90万吨，争取100万吨，完成总产值80亿元。

3月28日 芜湖造船厂建造的我国第一艘1.2万吨江海直达货轮"春江海"号下水，结束了安徽不能建造万吨轮的历史。

3月 省文明委决定：集中力量实施以营造精神支柱为主题的"长城计划"和落实重在建设为主旨的"万年青计划"；组织开展首届精神文明"十佳人物"评选活动。

5月25日—27日 省委、省政府召开全省扶贫开发和山区工作会议，部署落实《国家八七扶贫攻坚计划》和全省农村奔小康目标任务。6月10日，省委、省政府印发《关于进一步加快山区经济发展的意见》。

5月 省政府作出加快全省公路建设的决定，提出争取到2000年全省公路通车里程达4万公里，所有乡镇和90%的行政村通车。

6月28日—30日 安徽省科学技术大会召开，强调要把依靠科技发展经济作为长期的指导思想，紧紧抓住科技成果转化为现实生产力这个关键，在深化改革中找准科技与经济的最佳结合点。

6月30日 省委、省政府发文，提出在原定土地承包到期后再延长三十年不变，集体所有的荒山、荒地、荒滩、荒水承包期可延长到五十至七十年不变。放活土地使用权，建立土地使用权流转机制。12月3日至4日，省政府在临泉县召开全省农村土地承包制度改革经验交流会，要求积极稳妥地推进农村土地承包制度改革，到1995年年底基本完成新一轮土地承包工作。

7月16日 省八届人大常委会第十一次会议通过《安徽省科学技术进步条例》。

7月18日 省政府印发《关于实行分税制财政管理体制改革的决定》，确定从1994年1月1日起改革省对地、市的财政管理体制，实行分税制。

9月3日 省委、省政府印发《关于促进科技经济一体化的决定》。

10月8日 省政府批转省劳动厅《关于我省企业全面实行劳动合同制的意见》，要求推动企业建立适应社会主义市场经济体制的劳动制度，1996年年底以前全省所有企业全面实行劳动合同制。

10月27日 全国寄生虫病防治工作会议宣布，安徽省达到基本消灭丝虫病标准。

11月22日 省委、省政府召开省扶贫开发团赴贫困地区工作动员大会，提出要帮助贫困地区闯出一条发展的路子，交给农民一把致富的"金钥匙"。

12 月 31 日 省政府印发《安徽省最低工资规定》，全面建立最低工资标准制度。2021 年 12 月，安徽省第十四次调整最低工资标准。

一九九五年

1月16日—20日 中国共产党安徽省第六次代表大会召开，确定到20世纪末安徽改革开放和现代化建设的战略目标和主要任务，要求加快社会主义现代化建设步伐，大力推进工业化、城镇化和农业现代化，实现经济与社会协调发展，努力使全省经济总量和综合省力在全国达到中上等水平，发展速度不低于东部地区平均水平，人民生活达到小康水平。

2月24日 合九铁路全线铺通。

2月 全省开始实施"万村书库"工程，推动农村社会主义精神文明建设。

3月9日 省委、省政府印发《关于开展林业建设第二次创业的决定》。30日，省委、省政府召开全省林业建设第二次创业动员大会。

3月12日 省委印发《安徽省爱国主义教育实施方案》。8月29日，省委、省政府命名首批省级爱国主义教育基地。至2018年共命名5批。

3月15日—17日 全省外资工作会议召开，提出利用外资可采取"三个并举"和"三让"措施，即引进港澳台地区的资金与引进海外其他地区的资金并举、引进加工性的中小型项目与引进高新技术的大项目并举、引进中小企业的资金与引进大财团和跨国公司的资金并举，让利益、让市场、让股权。1996年2月12日，省政府印发《关于加快利用外资的决定》。

3月 全省环保工作会议提出"碧水蓝天工程"计划，即以保护饮用水源与大气环境为目的，以防止淮河和巢湖水质污染、综合整治省辖城市环境为重点，整体推进全省环保工作。

4月20日 省委、省政府印发《关于实行计划生育工作"一票否决权"的决定》。2006年1月18日，省委、省政府印发《关于进一步完善人口与计划生育工作"一票否决"制度的意见》。

4月26日—28日 省委在芜湖召开常委会（扩大）会议，研究部署进一步推进皖江开发开放，作出"外向带动，整体推进，重点突破，形成支柱"的总体战略部署。8月18日，省政府印发《安徽省长江经济带开发开放规划纲要（1996—2010年)》。

5月2日 省委印发《关于加强全省农村基层党组织建设的意见》，部署开展农村基层党组织三年整顿工作。1998年6月10日，省委办公厅印发《关于进一步加强农村基层组织建设的若干意见》。2002年12月2日，省委印发《关于进一步加强农村基层组织建设的意见》。

6月26日 裕安大厦在上海浦东落成，成为安徽率先进入浦东的标志性建筑。

7月16日 省政府印发《关于进一步加快畜牧业的决定》，明确将畜牧业作为农村经济的支柱产业来抓，力争2000年使安徽省进入全国畜牧业强省行列。1997年3月，安徽启动实施畜牧业进位工程。

7月 省政府批转省经贸委《关于实施名牌战略、发展名牌产品的报告》，要求抓住全省经济快速发展的有利时机，迅速实施名牌战略，大力发展名牌产品。

8月2日—7日 全省专员、市长会议在霍山县召开，强调扩大开放是实现安徽经济腾飞和社会进步的重大战略，要采取超常规思路和超常规措施，奋力开创全省扩大对外开放新局面。

8月19日—20日　全省扶贫开发工作会议召开，要求加大扶贫攻坚力度，加快脱贫致富步伐。

8月　安徽省决定实施企业家人才培养"112工程"，即"九五"期间，在全省大中型企业中培养1000名左右具有工商管理硕士水平的企业领导者，培养100名工商管理硕士，培养2000名左右各类高层次专业管理人才，为"九五"经济发展和21世纪的经济腾飞做好人才准备。

9月18日　省政府印发《关于加快我省国有小型企业改革若干问题的通知》，明确按照建立社会主义市场经济体制的要求，以建立"产权清晰、权责明确、政企分开、管理科学"的现代企业制度为目标，用三年时间完成全省国有小型企业改革任务。

10月10日　安徽省首家台商投资开发区在安庆经济技术开发区揭牌。

10月24日—27日　省委六届二次全会召开，审议通过《关于贯彻党的十四届五中全会精神制定安徽省国民经济和社会发展"九五"计划和2010年远景目标的意见》。《意见》提出，到2000年实现国内生产总值、财政收入、农民人均收入和城镇居民人均生活费收入在1995年基础上翻一番，人均国内生产总值达到全国平均水平，人民生活达到小康。在此基础上，到2010年实现国内生产总值在2000年基础上再翻一番，达1.05万亿元，人均国内生产总值达1.5万元，超过全国平均水平，人民的小康生活更加宽裕。

11月18日　省八届人大常委会第二十次会议通过《安徽省信访条例》。

12月1日—3日　省委、省政府在马鞍山召开全省农村城镇化建设工作会议，提出把小城镇建设作为实施跨世纪战略的一项重要内容。1996年1月29日，省委、省政府印发《关于加快农村城镇化建设的决定》。

12 月 14 日　全省加快县、乡公路建设工作会议在六安召开，要求进一步加快县、乡公路建设步伐，到 2000 年形成以柏油路为主、干支相连、四通八达的县、乡公路运输网。

12 月 23 日—24 日　全省水污染防治工作会议强调，以淮河、巢湖流域为重点，加快水污染治理步伐，实现让淮河、巢湖在 2000 年变清的目标。

12 月 26 日　铜陵长江公路大桥竣工通车，被称为"皖江第一桥"。到 2020 年，安徽境内建成通车的长江大桥共有 10 座。

本年　国家启动"211 工程"，中国科学技术大学首批入选。后来安徽大学、合肥工业大学相继进入"211 工程"建设行列，全省"211"高校数量增至 3 所。1999 年，国家启动"985 工程"，中国科学技术大学入选首批重点建设高校名单。

一九九六年

1月12日　省委、省政府印发《关于贯彻〈中共中央、国务院关于加速科学技术进步的决定〉的实施意见》，决定实施科教兴皖战略。

4月1日　省委、省政府发出紧急通知，强调采取果断措施，制止农民负担反弹。5月14日，省政府印发通知，要求清理涉及农民负担的文件和项目。5月30日，省政府再发紧急通知，明确涉及农民负担的文件由省政府审批，对擅自出台者追究领导责任。

4月16日　全省住房制度改革暨住宅建设工作会议提出，到2000年，全省人均居住面积达9平方米（使用面积达14平方米），住房成套率超过70%，解决人均居住面积6平方米以下的困难户问题，初步建立与社会主义市场经济体制相适应的新的城镇住房制度。

6月26日　省委召开全省农村奔小康座谈会，探讨如何进一步加快农村奔小康进程，提出较快增加农民收入、发展和壮大集体经济、加强农村精神文明建设、增强统揽农村工作全局的意识和本领等方面的意见建议。

7月26日　省委印发《关于开展依法治省工作的决定》。

7月28日　省八届人大常委会第二十五次会议通过《安徽省基本农田保护条例》。

8月24日　省政府批转省经贸委《关于省级扶优扶强重点支持56户大中型企业的意见》。

8月26日—28日　全省工业工作会议在芜湖召开，研究制定加快国有企业改革与发展的政策措施。10月9日，省委、省政府印发《关于工业改革与发展若干问题的通知》。

9月　省委、省政府决定实施农业产业化战略，要求"九五"期间把农业产业化作为振兴农业和农村经济的发展战略来抓。1997年3月2日，省委、省政府印发《关于实施农业产业化战略的决定》；4月4日，省农村工作领导小组通过《安徽省农业产业化"九五"规划纲要》，决定在全省实施农业产业化"8152"工程，即从优质水果、优质黄牛、中药材等八大主导产业抓起，重点抓好砀山、蒙城、涡阳等10个农业产业化试点县（市），发展壮大50个省级农业产业化"龙头"企业，争创20个农业名牌产品，带动全省农业产业化和农村经济的快速发展。

10月15日—18日　省委六届三次全会召开，研究部署贯彻落实党的十四届六中全会精神的意见和措施，通过《安徽省1996—2000年社会主义精神文明建设规划》。

10月18日—19日　全省扶贫开发工作会议研究部署"九五"扶贫开发工作，提出"九五"期间基本解决现有275万绝对贫困人口温饱问题。1997年2月5日，省委、省政府印发《关于贯彻〈中共中央、国务院关于尽快解决农村贫困人口温饱问题的决定〉的实施意见》。

11月11日　省委、省政府在黄山市召开全省旅游经济工作会议，提出坚持外向带动、加快发展方针，打好"黄山牌"、做好"徽文章"，使旅游业成为全省支柱产业。

12月15日—16日　省委六届四次全会召开，强调要把握大局、稳中求进、进中求好、好中求快，在加快两个根本转变中奋力赶超。

12月23日　省政府办公厅印发《安徽省少数民族发展纲要》。

12月31日　省八届人大常委会第二十八次会议通过《安徽省农

民负担管理条例》。

年底 安徽省 81 个县（市）均达到卫生部颁布的基本消灭麻风病的指标，标志着全省已提前完成 20 世纪末基本消灭麻风病的任务。

一九九七年

1 月 17 日　省政府印发《关于进一步加快发展农业机械化的通知》，提出力争到 20 世纪末，种植业基本实现机械化，形成具有安徽特色的农机化格局。

3 月 21 日　省政府印发《关于加强中医工作的决定》。

3 月　省政府印发《关于进一步加快文化事业发展若干经济政策的意见》，明确从 1997 年 1 月 1 日起，在全省范围内开征文化事业建设费。

4 月 16 日　省政府印发《关于大力开拓市场促进经济增长若干意见》，要求把开拓市场、培育新的经济增长点作为当前和今后一个时期经济工作的中心任务，力争在开拓农村市场、城镇住宅市场、国际市场和服务业市场几个方面取得突破。

4 月 17 日　省政府印发《关于切实加强环境保护工作的决定》，确定"九五"期间安徽环境保护工作的目标任务。

6 月 5 日　省政府印发《关于深入开展再就业工程的通知》，决定在全省深入实施再就业工程。1998 年 6 月 20 日，省九届人大常委会第四次会议通过《安徽省人民代表大会常务委员会关于切实做好国有企业下岗职工基本生活保障和再就业工作的决议》。此后，省委、省政府陆续出台做好下岗失业人员基本生活保障和再就业工作的政策文件。

6 月 6 日—8 日　全省经济体制改革工作会议召开，提出安徽省建设社会主义市场经济体制基本框架的目标和设想。

6月7日 省八届人大常委会第三十一次会议通过《安徽省劳动保护条例》。

7月20日 省委、省政府印发《关于贯彻〈中共中央、国务院关于卫生改革与发展的决定〉的实施意见》，确定全省卫生工作改革与发展的近远期目标，提出到2000年基本实现人人享有初级卫生保健，到2010年使居民健康主要指标达到全国平均水平。

8月18日 省政府印发《关于推进国有资产管理体制改革的决定》，要求进一步推进国有资产管理体制改革，加快建立新型国有资产管理、监督和运营体系。

8月21日 全省文化工作会议提出，打好徽字牌，唱响黄梅戏，加快建设文化强省。

8月26日 省政府印发《关于加快发展农村电话的决定》，明确"九五"期间全省农村电话发展目标，力争到"九五"末，全省农村电话用户达115万户。

8月 马钢公司在中国香港设立安徽第一家贸易型对外投资企业。

9月24日—25日 省委六届六次全会召开，学习贯彻党的十五大精神，要求高举邓小平理论伟大旗帜，毫不动摇地坚持党在社会主义初级阶段的基本路线和纲领，推进经济体制改革取得新突破。

10月13日—14日 省委、省政府召开江淮分水岭地区综合治理开发工作座谈会，要求全面展开江淮分水岭地区综合治理开发攻坚战。11月22日，省委、省政府印发《关于加快江淮分水岭易旱地区综合治理开发的意见》，提出实施"把水留住""把树种上""把路修通"工程，把农业结构调优，促进农民增收，后被概括为"四把一促"工程。

10月 安徽部分电视广播节目顺利上行亚洲一号卫星，安徽卫视诞生。2004年7月18日，安徽省有线数字电视正式开播。

11月5日 省政府印发《关于进一步加快发展第三产业的通知》，要求动员和依靠社会力量兴办第三产业。

11月6日 省政府印发《关于加快社会保障制度改革的通知》，确定建立适应社会主义市场经济体制需要的多层次社会保障体系的改革与发展目标。

同日 省政府印发《关于振兴我省支柱产业的实施意见》，提出"九五"期间全面振兴机械、日用电器和电子、汽车、石油化工和精细化工、建筑和新型建材五大支柱产业的目标和任务。

11月21日 省政府发布《安徽省城市市容和环境卫生管理暂行办法》。2003年12月13日，省十届人大常委会第六次会议通过《安徽省城市市容和环境卫生管理条例》。

12月21日 省委、省政府召开发展个体私营经济大会，提出要进一步解放思想，抢抓机遇，推动全省个体私营经济快速健康发展。1998年3月13日，省委、省政府作出《关于进一步加快发展个体私营经济的决定》。

12月22日—23日 省委六届七次全会召开，提出要继续贯彻执行"稳中求进，进中求好，好中求快"的方针，以经济结构战略性调整推动实现新一轮经济增长。

12月24日—26日 全省经贸工作会议召开，提出用三年左右时间，通过改革、改组、改造和加强管理，使大多数国有大中型亏损企业摆脱困境，力争使大多数国有大中型骨干企业建立现代企业制度。

一九九八年

1月5日 省委、省政府印发《关于进一步加快文化事业改革和发展的决定》。

2月19日—20日 全省对外经济工作会议召开，提出要加大实施外向带动战略力度，不断完善全方位、多层次、宽领域的对外开放格局，全力开创安徽对外经济发展新局面。

2月22日—23日 全省国企改革脱困暨纺织工作会议召开，落实实现国有大中型企业三年改革、摆脱困境的目标任务，进一步动员部署以纺织工业为重点突破口，打好1998年国有企业改革攻坚战。

2月 中国科学院等离子体研究所大型核聚变装置HT-7超导托卡马克通过鉴定，标志着中国成为继法、俄、日之后第四个拥有该装置的国家，合肥成为中国核聚变研究的重要基地。

5月4日 省政府印发《关于推行行政执法责任制的通知》，决定在1997年试点的基础上，从1998年起在全省建立和推行行政执法责任制，促进依法行政。

5月21日—25日 朱镕基在安徽考察粮食工作时指出，要统一政策，统一行动，把粮食流通体制改革进行到底，重点是坚决贯彻执行按保护价敞开收购余粮、实行顺价销售、收购资金封闭运行三项政策，加快粮食企业自身改革，转换经营机制，提高市场竞争能力。

5月 全省公用计算机互联网开通并投入使用。

6月1日—2日 全省粮食流通体制改革工作会议召开，确定按

"四分开一完善"原则推动粮食流通体制改革,即政企分开、储备与经营分开、中央与地方责任分开、新老财务挂账分开,完善粮食价格形成机制。

6月24日—26日 全省企业技术进步工作会议召开,重点部署"九五"后三年企业技术进步工作,确定在全省组织实施"六百工程",即创建100个企业技术开发中心,再创100个量大面广的名牌产品,用先进适用技术改造100条传统生产线,新上100个重点企业技术改造项目,培育100个优势企业,综合整治200户左右的国有大中型工业亏损企业。

7月8日 省委、省政府印发《关于做好跨世纪财政工作的意见》,提出到2002年全省财政总收入达到470亿元,在1997年的基础上翻一番,年均增长14.9%,并实现比较稳固的财政收支平衡。

7月24日 省委、省政府印发《关于加快乡镇企业发展若干问题的决定》。2000年12月31日,省委、省政府印发《关于加快发展乡镇企业的意见》,要求始终把发展乡镇企业作为一项重大战略和长期的基本方针。

7月26日 省委、省政府召开紧急会议,部署长江防汛抗洪工作,要求沿江各地务必把长江防洪抢险作为压倒一切的中心任务,全力以赴,严防死守,确保皖江大堤万无一失。在党中央、国务院、中央军委领导下,安徽党政军民齐心协力、顽强奋战,取得了抗洪抢险斗争的全面胜利。

8月3日 省政府召开全省农村电网建设改造电视电话会议,在全国率先拉开农村电网建设改造的序幕。至2003年年底,全省农村电网建设与改造工程基本完成,每年可减轻农民电费负担约3亿元。

8月6日—8日 全省村务公开民主管理工作会议在五河县召开,总结推广五河县村民自治民主改革的做法和经验,研究部署村务公开和民主管理工作。

9 月 22 日—26 日　江泽民考察安徽，着重就农业和农村工作进行调查研究，指出要长期稳定以家庭联产承包经营为基础的双层经营体制，抓好村民委员会直接选举、村民议事和村务公开制度等村级民主制度建设，扩大农村基层民主。

10 月 22 日—24 日　省委六届八次全会召开，审议通过《中共安徽省委关于贯彻〈中共中央关于农业和农村工作若干重大问题的决定〉的意见》，提出安徽农业和农村工作跨世纪发展的基本思路，对全省经济、政治、文化建设作出全面部署。

12 月 21 日—23 日　全省经济工作会议召开，部署 1999 年重点经济工作：解决城乡居民收入水平低、收入增势趋缓问题；以启动需求为着力点，把扩大投资需求与扩大消费需求、扩大内需与扩大开放更好地结合起来；大力改善供给，坚持以市场为导向，实现结构调优和产业升级；正确处理改革、发展、稳定的关系，积极稳妥地推进各项改革。

12 月 22 日　省九届人大常委会第七次会议通过《巢湖流域水污染防治暂行条例》。

一九九九年

1月6日 省委印发《关于在县级以上党政领导班子、领导干部中深入开展以"讲学习、讲政治、讲正气"为主要内容的党性党风教育的实施意见》。2000 年年底,"三讲"教育基本结束。

1月12日 省委、省政府印发《关于进一步加快体育改革和发展的决定》。2003 年 5 月 23 日,省委、省政府印发《关于加快新时期体育发展的意见》。

1月15日 省政府印发《关于组织实施安徽省经济技术升级计划的意见》,提出要强力推进以技术进步为中心的经济结构升级,组织实施经济技术升级计划,加快经济增长方式由粗放型向集约型转变,逐步建立高素质有竞争力的经济发展新格局。

3月8日 省委、省政府印发《关于建设万里绿色长廊工程的决定》,确定用三年时间,在全省建设万里绿色长廊工程,大力实施可持续发展战略。

4月29日 全省深山区、库区扶贫攻坚动员大会召开,强调要以深山区、库区作为扶贫攻坚的主战场,集中人力、财力、物力,合力攻坚,确保两年内基本解决 40 万贫困人口的温饱问题。

5月31日 全省商品流通工作会议召开,要求解放思想、深化改革,尽快建立起适应社会主义市场经济发展的流通体制和经营机制。7月6日,省政府印发《关于进一步推进商品流通改革和发展的若干意见》。

6月8日—9日　全省城镇职工医疗保险制度改革工作会议召开，提出建立与现阶段生产力发展水平相适应的广覆盖的城镇医疗保险制度。7月10日，《安徽省实施城镇职工医疗保险制度改革的若干意见》颁布实施。

6月12日—13日　全省小城镇工作会议在六安市叶集改革发展试验区召开，明确小城镇建设与发展的任务。7月13日，省委、省政府印发《关于进一步加快我省小城镇发展的若干意见》。

7月14日　省委印发《关于建立党员领导干部农村基层组织建设联系点的意见》。2001年11月14日，省委办公厅印发《安徽省各级领导干部进村入户制度》。

9月7日　省政府办公厅转发省劳动厅等部门《关于做好提高三条社会保障线等有关工作的实施意见》，明确提高全省国有企业下岗职工基本生活保障水平、失业人员失业保险金水平、城镇居民最低生活保障水平。

9月26日—27日　省委六届九次全会召开，学习贯彻党的十五届四中全会精神，研究部署国有企业改革和发展工作。

10月11日　国家级批发市场——安徽省铜商品市场正式开业。铜陵市由单一的铜业生产中心升级为贸易中心。

11月6日　省政府印发《关于进一步扶持高新技术产业发展的若干规定》。

11月10日　省委、省政府印发《关于贯彻〈中共中央、国务院关于加强技术创新，发展高科技，实现产业化的决定〉的意见》。12日至13日，全省技术创新大会召开，提出加快实施科教兴皖战略，全面推进技术创新和科技成果产业化工作，增强安徽跨世纪综合竞争力。

11月27日　省委、省政府印发《关于贯彻〈中共中央、国务院关于深化教育体制改革全面推进素质教育的决定〉的意见》。28日，省政府批转省教委《安徽省教育振兴行动计划》，确定 2000 年、2005 年和 2010 年全省义务教育、青壮年扫盲、高中和高等教育的发展目标，提出教育振兴计划八项重点任务。

12 月 23 日—24 日　全省农村工作会议在蚌埠召开，提出要进一步解放思想，大胆探索，大力开辟促进农民增收的新途径。

12 月 25 日　全省扶贫开发工作会议在蚌埠召开，强调坚定信心，加大力度，扎实工作，决战 2020 年，确保扶贫攻坚任务如期实现。31 日，省委印发《关于贯彻〈中共中央、国务院关于进一步加强扶贫开发工作的决定〉的实施意见》，提出 2019 年和 2020 年力争解决 100 万左右贫困人口的温饱问题，继续加强贫困地区基础设施建设和教育文化卫生事业，初步改变其落后状况，为贫困户创造稳定解决温饱问题的基础条件。

二〇〇〇年

1月13日 省政府印发《关于全面推进依法行政的决定》。2004年6月23日，省政府印发《贯彻国务院〈全面推进依法行政实施纲要〉的意见》。

2月22日 省委、省政府印发《关于认真贯彻党的十五届四中全会〈决定〉加快国有企业改革和发展的若干实施意见》，提出到2000年，尽最大努力实现党的十五大提出的国有企业改革和发展的三年目标。

3月2日 中共中央、国务院印发《关于进行农村税费改革试点工作的通知》，确定安徽作为唯一试点省，在全国率先进行全省范围的农村税费改革试点。4月26日，省委、省政府印发《关于在全省开展农村税费改革试点工作的通知》《安徽省农村税费改革试点方案》。继土地改革、家庭联产承包经营体制改革后的又一次农村重大改革在江淮大地拉开序幕。2002年，安徽省农村税费改革基本实现预期目标，全省农民人均政策性负担减幅达37.5%。

3月16日 省政府批转省农业厅《关于"四个一千万亩"农产品优质化工程的实施意见》，计划从2000年起，用三年时间，发展优质高档稻米、优质小麦、双低优质油菜、脱毒甘薯各1000万亩，基本实现全省商品粮油优质化。

3月20日 国家"九五"重点工程、中外合作建设项目——淮北第二发电厂第一台300兆瓦汽轮发电机组并网发电成功。

3 月 30 日 省委、省政府召开省政府机构改革动员大会，宣布省政府机构改革方案，确定省政府工作机构减少 17 个，精简 27%。

5 月 24 日 省委、省政府印发《关于进一步加快防洪保安基础设施建设的决定》。

6 月 15 日 国土资源部批复原则同意《马鞍山市国有土地资本运营试点方案》。马鞍山是全国首个城市国有土地资本运营试点市。

6 月 26 日 省政府印发《关于进一步做好全省企业离退休人员基本养老金按时足额发放和国有企业下岗职工基本生活保障工作的通知》。

7 月 5 日 省委、省政府印发《关于减轻村级负担的若干规定》。

7 月 18 日 安徽省广播电视传输网开通，覆盖全省 17 个市和 66 个县（市），标志着安徽省信息高速公路开始启用。

7 月 25 日—26 日 省委、省政府在桐城召开全省发展个体私营经济工作会议，强调要进一步解放思想，推动个体私营经济大提高、大发展，尽快把个体私营经济培育成强劲的增长点。10 月 6 日，省委、省政府印发《关于进一步加快发展个体私营经济的若干意见》。

7 月 28 日 省委、省政府印发《关于加快"两山一湖"旅游经济发展的若干意见》，提出集中力量加快以黄山、九华山、太平湖为重点的"两山一湖"地区旅游经济的发展，加速形成以"两山一湖"带动全省旅游经济大发展格局。9 月 11 日，省政府印发《"两山一湖"旅游经济发展规划纲要》。

7 月 29 日 省九届人大常委会第十七次会议通过《安徽省个体工商户和私营企业权益保护条例》《安徽省禁止义务教育阶段乱收费条例》，通过关于依法加强环境保护、促进实现"一控双达标"的决议。

8 月 15 日 省政府印发《安徽省鼓励和引导民间投资的若干意

见》。

8月24日 省政府召开全省实施住房分配货币化工作会议，强调要把住房分配货币化作为启动住房消费、扩大内需、拉动经济增长的重要战略措施。10月22日，省政府印发《关于实施城镇住房分配货币化工作有关问题的通知》。

9月17日 省委、省政府印发《关于加强民族工作的若干意见》。2005年12月12日，省委、省政府印发《关于进一步加强民族工作加快少数民族地区和民族聚居地区经济社会发展的实施意见》。2011年3月22日，省委办公厅、省政府办公厅印发《关于实施少数民族和民族聚居地区"共同发展"提升行动的意见》。

9月22日 省政府颁布《安徽省失业保险规定》，自当日起施行。

9月30日 省政府印发《安徽省创建金融安全区工作指导意见》，提出从2000年起，力争用五年左右的时间，基本建成金融安全区。

同日 芜湖长江大桥建成通车。这是安徽省第一座公路铁路两用长江大桥。

11月10日 省政府批转省农委《关于组织实施安徽省2000—2005年农业品种更新工程的意见》，提出通过三至五年的努力，使主要农作物品种更新一次，良种覆盖率达100%，品种储备率达30%，畜禽水产品良种覆盖率达95%。

11月18日 省政府印发《关于加强政风建设的若干意见》，要求从严治政，建设廉洁、勤政、务实、高效的政府。

11月24日 省委印发《关于以"三个代表"重要思想为指导进一步加强党的建设的若干意见》。

11月30日 皖南古村落西递、宏村被联合国教科文组织列入世界文化遗产名录。

12月5日—6日 省委六届十二次全会召开，审议通过《关于制定安徽省国民经济和社会发展第十个五年计划的建议》。《建议》提出，"十五"时期，全省经济增长率高于全国平均水平，社会生产力实现跨越式发展，综合省力进一步增强；国内生产总值年均增长 8.5% 左右，到 2005 年，按 2000 年价格计算的国内生产总值达到 4600 亿元，人均达到 7000 元，加快向现代化建设的第三步战略目标迈进。

12 月 14 日　省委印发《关于在全省农村开展"三个代表"重要思想学习教育活动的实施意见》，部署在全省农村分两批开展"三个代表"重要思想学习教育活动。

年底　全省如期完成"八七"扶贫攻坚任务，农村贫困人口由 1993 年年底的 360 万人减少到 126 万人，其中 17 个国定贫困县贫困人口由近 300 万人减少到不足 100 万人，贫困发生率由 8.5% 下降到 2.6%。

本年　全省生产总值达 3125.3 亿元，人均生产总值达 5147 元；城镇和农村居民年人均可支配收入分别达 5294 元、1935 元，人民生活水平和质量有了较大提高，基本实现小康目标。

二〇〇一年

1月2日　省委、省政府印发《关于加强人才工作若干问题的通知》,确立人才工作战略地位。2002年5月14日,省委办公厅、省政府办公厅印发《关于培养引进和使用高层次人才的意见》。

2月2日　全省交通会议提出"十五"期间实施六大交通工程,即高速公路贯通工程、快速通道网化工程、省际道路畅通工程、县乡公路通达工程、江河水道工程、交通科技信息化工程。

3月12日　省委、省政府印发《关于贯彻〈中共中央、国务院关于加强人口与计划生育工作稳定低生育水平的决定〉的实施意见》,提出到2010年年末,全省总人口控制在7000万以内,人口出生率控制在13.5‰以下。

3月30日　省九届人大常委会第二十二次会议通过《安徽省人民代表大会常务委员会关于加强全省社会治安工作的决议》。5月9日,省委、省政府印发《关于进一步加强社会治安工作的决定》,提出集中用两年的时间,切实解决好社会治安突出问题。2002年7月25日,省委、省政府印发《关于进一步加强社会治安综合治理的若干意见》。

4月2日　省政府印发《关于进一步做好抗旱减灾工作的意见》,提出抗旱减灾五年工作目标。

4月3日　省政府印发《鼓励软件产业和集成电路产业发展的若干政策规定》。2007年5月15日,省政府印发《关于进一步鼓励软件产业发展的若干意见》。

4月25日 省政府转发《国务院关于印发〈全国生态环境保护纲要〉的通知》，提出实施"三区推进"生态保护战略（对重要生态功能区的抢救性保护、对重点资源开发区生态环境的强制性保护、对生态良好地区和农村生态环境的积极性保护）的措施。29日，省政府办公厅转发省环保局《关于安徽省环境保护"十五"目标及2001年重点工作的意见》，提出到2005年，力争把安徽省建设成为全国生态环境最好的省份之一。

4月29日 省委办公厅、省政府办公厅转发省委组织部、省人事厅、省财政厅、省农委《关于从市、县直机关和事业单位选派优秀年轻干部到贫困村、后进村任职的意见》，决定从2001年起，有计划地从市、县（市、区）直机关和事业单位选派优秀年轻干部到贫困村、后进村担任党支部书记。每三年一批，2001年首批选派3000名。

5月1日 省政府办公厅印发《安徽省"十五"国民经济和社会信息化三年实施意见》，要求到2003年年底，初步建成与全省国民经济和社会发展相适应的网络基础设施和服务体系，信息化总体上达到全国中上游水平。

5月17日—24日 江泽民在安徽考察，调研党的建设和"十五"期间经济社会发展问题，强调进一步改进和创新领导方式和领导方法，是当前加强党的建设的一个重大课题。

6月7日 省政府印发《关于加强安全生产工作的决定》。8月3日，省政府印发《安徽省人民政府安全生产责任制暂行规定》。2004年5月9日，省政府印发《关于进一步加强安全生产工作的决定》，要求把安全生产纳入经济和社会发展规划。

7月11日 省政府印发《关于保障农村义务教育投入和教师工资发放的通知》，决定从9月份起，全面推行农村中小学教师工资由县统一发放工作，并要求各地切实保障农村义务教育投入和教师工资按时发放。

7月23日　省委、省政府印发《关于加快农业结构调整增加农民收入的若干意见》。

7月27日　中德中小企业合作项目在安徽省启动。该项目是由中德两国政府高层领导于1997年共同倡导的。

7月28日　省九届人大常委会第二十四次会议通过《安徽省城镇生活饮用水资源环境保护条例》。

9月13日　安徽省决定实行排污许可证制度，首先在淮河、巢湖流域全面推行。

9月15日　省政府印发《关于进一步加快完善城市居民最低生活保障制度的通知》。

10月4日　省政府印发《关于实施〈国务院关于基础教育改革与发展的决定〉的意见》。2004年12月7日，省委、省政府印发《关于进一步振兴职业教育的若干意见》。2006年12月20日，省政府印发《关于促进职业教育发展的若干政策意见》。

10月12日　省委、省政府印发《关于进一步加快皖北地区经济发展的若干意见》。2010年5月24日，省委、省政府印发《关于进一步加快皖北地区发展的若干意见》。

10月25日　省政府印发《关于组织实施全省农村饮水工程的意见》，提出用三年时间基本解决全省困难地区176万农村人口饮水问题。

10月26日—30日　中国共产党安徽省第七次代表大会召开。大会指出，未来五至十年，是安徽全面建成小康社会、加快社会主义现代化建设的重要时期，全省广大党员和各族人民要进一步解放思想、振奋精神、锐意进取、扎实工作，为实现加快发展、富民强省目标而奋斗。大会提出今后五年经济和社会发展的主要目标：国内生产总值年均增长 8.5% 左右，城镇居民人均可支配收入、农民人均纯收入年均分别增长 5% 左右，城镇化水平提高到 35%。

11 月 5 日 省政府印发《安徽省城镇化发展纲要（2001—2010 年）》，提出到 2010 年，全省城镇人口达 2700 万，城镇化水平达到 40%。

11 月 7 日 省政府印发《关于建立森林生态网络体系的决定》，提出到 2005 年森林覆盖率超过 30%，初步建立起森林生态网络体系框架。

12 月 2 日 临淮岗洪水控制工程复建工程开工。2007 年，工程通过竣工验收并投入运行。该工程在治淮历史上具有里程碑意义。至 2009 年年底，以临淮岗洪水控制工程为代表的 14 项骨干工程相继建成，有力地提升了淮河的防洪能力。

二〇〇二年

1月25日　省政府印发《关于进一步加快旅游业发展的意见》，提出到2005年，全省旅游总收入达到当年生产总值的8%，使旅游业成为国民经济的支柱产业。

1月　马鞍山市荣获首届"中国人居环境范例奖"，成为全省首个获此殊荣的城市。

2月19日　省政府印发《关于加快国有粮食企业改革的意见》，要求通过改革，力争用一至两年的时间，使全省国有粮食购销企业初步建立现代企业制度。

2月25日　省委印发《关于贯彻〈公民道德实施纲要〉的意见》，要求以为人民服务为核心，以集体主义为原则，以爱祖国、爱人民、爱劳动、爱科学、爱社会主义为基本要求，以社会公德、职业道德、家庭美德为着力点，狠抓公民道德教育，推进道德实践，培养有理想、有道德、有纪律的社会主义公民。

3月9日　省委、省政府印发《关于整治和改善经济发展环境的实施意见》，要求从省直机关抓起，以行政管理、执法部门和窗口单位为重点，以转变政府职能、加强服务为突破口，全省发动，上下联动，建设规范、透明的法制和政策环境，廉洁、高效的政务环境，统一开放、公平竞争的市场环境，文明、安定的人文环境。

3月12日　省政府办公厅印发《关于全省"十五"扶贫开发工作重点县、乡的通知》，确定19个国家扶贫开发重点县、10个省级扶贫开发重点县、65 个省扶贫开发重点乡镇。28 日至 29 日，全省扶贫开发工作会议召开，提出到 2005 年，力争使 80% 左右的绝对贫困人口和 85% 左右的返贫人口达到温饱水平。

3 月 15 日　省政府印发《关于积极做好加入世贸组织后应对工作进一步扩大开放加快发展的若干意见》。5 月，为适应加入世贸组织需要，省政府废止政策性文件 289 件。

3 月 31 日　省政府印发《关于坚持厉行节约反对奢侈浪费的通知》，要求牢固树立艰苦奋斗、勤俭办一切事业的思想，坚持艰苦创业、勤俭办事，坚决压缩一切不必要的开支。

4 月 30 日　省政府印发《贯彻国务院关于进一步深化粮食流通体制改革意见的通知》，提出放开粮食市场、向农民直接发放补贴。9 月，在天长市、来安县启动改革试点，主要内容是"两放开一调整"（放开粮食收购价格，放开粮食购销市场，调整粮食补贴方式，建立直接补贴机制）。2003 年 5 月起，在全省范围内扩大试点。2004年 8 月 4 日，省政府印发《关于进一步深化粮食流通体制改革的实施意见》，进一步巩固改革成果，完善直接补贴机制。

5 月 13 日　省政府印发《关于实行扩大就业目标责任管理的通知》，提出到 2005 年，将全省城镇登记失业率控制在 4.5% 左右。

6 月 21 日　国务院批准芜湖经济技术开发区设立省内首家出口加工区。

6 月 26 日　省委、省政府印发《关于贯彻〈中共中央、国务院关于加强老龄工作的决定〉的实施意见》，要求切实维护和保障老年人合法权益，大力发展老年服务业。

8 月 2 日　省政府办公厅印发《关于大力培育农村致富带头人的若干意见》，决定从 2002 年起连续五年，省级每年评选 100 名农村致富带头人，并实行动态管理。2006 年 6 月 16 日，省政府办公厅印发《关于扶持培育农民创业带头人的意见》。

8月21日 省政府办公厅转发省文化厅、省计委、省财政厅《关于进一步加强全省基层文化建设的意见》，提出"十五"期间，以社区和乡镇为重点，全面加强基层文化阵地、文化队伍、文化活动内容和方式建设，积极开展丰富多彩的群众文化活动，不断满足人民群众日益增长的精神文化需求。

8月24日 省委、省政府印发《关于进一步加快县域经济发展的若干意见》，提出以农民增收、企业增效、财政增长为主要目标，以市场为导向，以工业化为核心，紧紧依托改革开放和科技创新，加速经济结构战略性调整，培育特色经济，主攻民营经济，发展配套经济，壮大园区经济，提升劳务经济，促进县域经济持续快速健康发展和社会全面进步。

9月16日 省委、省政府印发《关于进一步扩大对外开放加快招商引资的若干意见》，提出要把招商引资作为经济工作的重中之重，进一步开放投资领域，推进多种形式的合资合作。

10月13日 省政府办公厅转发省残联等部门《关于切实加强残疾人康复工作的若干意见》，提出到2015年，实现残疾人"人人享有康复服务"。

10月24日—25日 全省加快皖江开发开放座谈会在马鞍山召开。会议提出以大开放为主战略，以招商引资为突破口，积极融入长江三角洲经济圈，主动参与国际国内分工体系，发展沿江加工制造产业带，培育沿江经济强县，建设沿江现代化城市群。

11月12日 省政府办公厅转发省乡镇企业局等六部门《关于加快乡镇工业园区建设的实施意见》，提出力争用三至五年时间，建成50个平均年营业收入超过10亿元、利税超过亿元的省级乡镇工业园区和一批市、县级乡镇工业园区，乡镇企业集聚度提高5个百分点。

11 月 21 日—22 日　省委七届三次全体（扩大）会议召开，动员全省各级党组织和广大党员深入学习和全面贯彻党的十六大精神，扎实推动加快发展、富民强省、全面建设小康社会的进程。

11 月 27 日　省政府办公厅转发省卫生厅等部门《关于加快发展城市社区卫生服务的意见》，提出到 2010 年，各市的社区居民全部享有社区卫生服务，各县（市、区）的社区卫生服务人口覆盖率超过 80%。

二〇〇三年

2月21日　省政府决定，从4月1日起，对在本省行政区域内从事农业特产品生产的单位和个人，由征收农业特产税统一改为征收农业税。

4月15日　省委、省政府召开会议部署非典型性肺炎防治工作。26日，安徽省"非典"防治工作总指挥部成立。省委、省政府一手抓"非典"防治，一手抓经济建设，至6月5日，全省累计报告的10例输入性"非典"临床诊断病例和2例疑似病例全部治愈出院，防治"非典"工作取得全面胜利。

4月16日—17日　全省农村工作会议召开，提出要以增加农民收入为核心，加速农业和农村经济结构战略性调整。6月19日，省委、省政府印发《关于做好农业和农村工作的实施意见》。

4月29日　省委、省政府印发《关于贯彻〈中共中央、国务院关于进一步加强农村卫生工作的决定〉的实施意见》，提出到2010年，基本建立符合安徽省农村社会经济发展水平和农民健康需求的农村卫生服务体系和新型合作医疗制度，使农民人人享有初级卫生保障，主要健康指标达到全国平均水平。6月20日，省政府印发《关于加强公共卫生工作的意见》。

4月　安徽省启动"小巨人"战略工程，首批100户重点"专、精、特、新"中小工业企业名单公布。

6月17日　省政府印发《安徽省2003年至2007年高速公路建

设规划要点》，提出到 2007 年年底，全省高速公路总里程超过 2300 公里，力争达到 2500 公里。

6 月 23 日　省政府印发《关于加强全省信用建设的决定》，提出力争用五年时间，努力实现"信用安徽"的阶段性目标。

6 月 29 日　省委、省政府印发《安徽省全面建设小康社会的战略目标、战略步骤及起步阶段的重点建设任务》，提出到 2020 年实现国内生产总值比 2000 年翻两番半，全面建成小康社会。其中，2003 年至 2007 年为起步阶段，国内生产总值年均增长 9.5% 左右，到 2007 年人均超过 1000 美元；2008 年至 2015 年为第二步，国内生产总值年均增长 9.3% 左右，到 2015 年人均国内生产总值超过 2000 美元；2016 年至 2020 年为第三步，国内生产总值年均增长 9% 左右，到 2020 年人均国内生产总值达到或超过 3000 美元。

7 月 12 日—13 日　温家宝赴淮河抗洪第一线检查指导抗洪救灾工作，并到蚌埠等地考察。10 月 1 日至 2 日，温家宝视察安徽沿淮灾区。

7 月 25 日—26 日　全省加快发展民营经济工作会议召开，强调要抓住机遇，把握发展的主动权，保持快速发展的态势，奋力开创民营经济大发展、大提高的新局面。8 月 6 日，省委、省政府印发《关于加快民营经济发展的决定》。

8 月 12 日　全省招商引资工作座谈会召开，强调要牢牢把握国际国内资本加速流动、产业加速转移的趋势与机遇，坚定不移地把招商引资作为经济工作的重中之重，务必使全省招商引资工作取得重大突破。

8 月 15 日　省政府印发《关于进一步加快发展农业产业化经营的实施意见》，确立十大主导产业，推进建立区域化、优质化、标准化生产基地。

9月22日 安徽省被确定为全国生态建设试点省，成为中西部地区首个生态建设试点省。2004年2月23日，省政府印发《安徽省生态省建设总体规划纲要》。

10月20日 省政府印发《关于进一步推进农村信用社改革和发展的意见》，决定在太和县、桐城市、黄山区开展农村信用社一级法人试点工作。

10月24日 省十届人大常委会第五次会议通过《安徽省促进科技成果转化条例》。

11月19日 省政府印发《"数字安徽"建设五年规划纲要（2003—2007年）》，确定"数字安徽"近期和远景目标。2006年12月5日，省政府印发《安徽省"十一五"国民经济和社会信息化发展规划》，提出到2010年，初步建成"数字安徽"的基本框架。

12月8日—10日 省委七届五次全会召开，审议通过《关于贯彻〈中共中央关于完善社会主义市场经济体制若干问题的决定〉的实施意见》，明确当前和今后一个时期安徽完善社会主义市场经济体制的主要任务。

12月17日 省政府印发《安徽省高新技术产业发展实施方案（2003—2007年）》，提出到2007年，全省高新技术产业实现年技工贸总收入1000亿元，年均增长13%，高新技术产业增加值占全部工业增加值的比重达到20%。

12月25日 省政府印发《关于进一步加强农村教育工作的决定》。2004年7月13日，省政府办公厅印发《安徽省农村地区"两基"攻坚和巩固提高实施规划（2004—2007年）》。2007年7月，教育部认定安徽省全面实现"两基"。

12月27日 省政府印发《安徽省文化产业发展规划纲要》，提出到2010年，初步建立与社会主义市场经济体制相适应，政府宏观调控、市场引导企业的文化产业运行框架,把文化产业培育成国民经济新的增长点。

12 月 29 日 省政府印发《2003—2007 年安徽省国有企业改革规划纲要》,明确国有企业改革的宏观目标和主要任务、举措。

二〇〇四年

1月2日 省委办公厅、省政府办公厅印发《关于创建"八百里皖江文明长廊"的意见》。6月,"八百里皖江文明长廊"建设全面启动。

1月21日 省政府决定,从2004年起在全省实施省直管县财政体制。

1月29日 省委、省政府印发《关于贯彻〈中共中央、国务院关于加快林业发展的决定〉的实施意见》,确定安徽林业跨越式发展目标。

2月24日 省政府印发《关于全面取消农业税附加的通知》,宣布从当年起全面取消农业税附加。

2月27日—28日 全省农村工作会议召开,提出力争实现农民收入较快增长、农村经济社会全面发展。会议确定加大"三农"投入。3月9日,省委、省政府印发《关于贯彻〈中共中央、国务院关于促进农民增收若干政策的意见〉的实施意见》。

3月8日 省政府印发《关于促进房地产市场持续健康发展的通知》,要求遵循市场规律,坚持住房市场化方向,不断完善房地产市场体系,努力实现房地产市场总量基本平衡、结构基本合理、价格基本稳定。

4月1日 省政府办公厅转发省发改委、省卫生厅编制的《安徽省突发公共卫生事件医疗救治体系建设规划》,计划用两至三年时间,基本建成一个适应省情、覆盖城乡、功能齐全、反应灵敏、运转协调、持续发展的突发公共卫生事件医疗救治体系。

4月10日 省政府印发《关于加快省属国有大企业利用外资步伐的若干意见》。

5月11日 省委、省政府印发《关于贯彻〈中共中央、国务院关于进一步加强人才工作的决定〉的实施意见》，提出大力实施人才强省战略，使安徽尽快由人口大省转化为人才资源强省。

5月17日 省委印发《关于贯彻〈中共中央关于进一步繁荣发展哲学社会科学的意见〉的实施意见》，提出以安徽改革发展的理论和实践问题为主攻方向，加强全局性、前瞻性、战略性课题研究，突出应用对策研究，逐步建立与全面建设小康社会相适应的哲学社会科学创新体系。

5月25日 省政府印发《关于全面实施"861"行动计划的通知》。"861"行动计划，即建设八大重点产业基地（加工制造业基地，原材料产业基地，化工产业基地，能源产业基地，高新技术产业基地，优质安全农产品生产、加工和供应基地，全国著名的旅游目的地，重要的文化产业大省），构筑六大基础工程（防洪保安工程、通达工程、信息工程、生态工程、信用工程和人才工程），实现2007年全省人均生产总值超过1000美元的目标。2006年，省委、省政府提出努力推进和提升"861"行动计划，实现2010年全省生产总值1万亿元目标。2012年，安徽进一步提升"861"行动计划内涵，对八大产业和六大基础工程进行了调整。

5月28日—31日 2004年首届中国（芜湖）科普产品博览交易会举行。芜湖科博会为全国唯一的国家级科普产品展览交易会，芜湖成为中国科普资源集散中心。

6月16日 省政府印发《关于建立长效机制防止拖欠工程款和

农民工工资的通知》。2003 年年底，省政府提出用三年时间全部完成农民工工资拖欠清理任务。2005 年 10 月，全省农民工工资拖欠清理任务基本完成。

6 月 28 日 省政府印发《农村医疗救助试点暂行方案》，决定在全省建立农村医疗救助制度。2005 年 8 月 1 日，省政府办公厅转发省民政厅等部门《关于建立城市医疗救助制度试点工作的实施意见》，明确对城市居民最低生活保障对象中未参加城镇职工基本医疗保险人员及负担较重的群众实行医疗救助。

7 月 8 日—9 日 省委七届六次全会召开，通过《中共安徽省委关于全省各级党组织贯彻执行民主集中制的若干意见（试行）》《关于省委、省政府工作部门正职拟任人选和推荐人选实行省委全委会投票表决的决定》。

7 月 19 日 省政府印发《关于实施国家 2003—2007 年教育振兴行动计划的意见》，提出重点推进农村教育发展与改革，推进高水平大学和重点学科建设，实施新世纪素质教育工程、职业教育与培训创新工程、高等学校教育质量与教学改革工程、促进毕业生充分就业工程、教育信息化建设工程、高素质教师和管理队伍建设工程，构建和完善中国特色社会主义现代化教育体系。

8 月 15 日—16 日 省委、省政府在蚌埠召开加快皖北地区经济发展座谈会。会议指出，加快皖北地区经济发展，提高工业化水平是最为紧迫的任务，必须坚持以工业化为核心，以经济结构战略性调整为主线，加快工业化、城镇化和农业现代化步伐。

8 月 安徽省全面建立农村特困群众生活救助机制。从 2004 年起，省政府每年将安排近 3 亿元专项资金为 183 万名农村特困群众提供生活保障。

9 月 25 日 省委全委（扩大）会议召开，学习贯彻党的十六届四中全会精神，研究部署加强党的执政能力建设工作。

10月13日 省委、省政府召开全省扶贫开发工作会议，提出要大力实施整村推进工程，进一步加快贫困地区脱贫致富步伐，争取用较短的时间改变贫困村的面貌。11月3日，省政府印发《关于实施扶贫开发整村推进工程的意见》。2008年3月30日，省政府印发《关于继续实施扶贫开发整村推进工程的意见》。

11月12日 奇瑞汽车有限公司和马来西亚阿拉多（ALADO）公司合作，授权制造、组装、销售和进口代理奇瑞轿车，实现中国汽车技术出口零的突破。

11月27日 合肥国家科技创新型试点市揭牌。2006年7月14日，省委、省政府印发《关于推进合肥国家科技创新型试点市工作的若干意见》。

11月29日 省政府印发《关于进一步加强食品安全工作的决定》。

12月10日 省政府印发《关于促进中小企业加快发展的若干意见》，提出通过五年左右的努力，形成一批特色鲜明、成长性好、实力强的中小企业创业基地和产业集群。

二〇〇五年

1月20日　全省保持共产党员先进性教育活动工作会议召开。21日，省委印发《关于开展以实践"三个代表"重要思想为主要内容的保持共产党员先进性教育活动的实施意见》。全省保持共产党员先进性教育活动分三批进行，每批半年左右时间。

1月21日—22日　全省农村工作会议确定以提高农业综合生产能力为主题，以增加农民收入为核心，大力推进农业和农村经济结构战略性调整，逐步实行以工补农、以城带乡，进一步开创农业和农村工作新局面。2月6日，省委、省政府印发《关于进一步加大对"三农"支持力度的若干意见》。

2月3日　省政府印发《关于加快农村公路建设的决定》，提出2005年开展村村通油路（水泥路）试点，2006年全面启动建设，到2010年全省基本实现村村通油路的目标。

3月19日—20日　全省农业综合开发工作会议召开，强调要把农业综合生产能力开发作为当前和今后一个时期的重大战略任务，不断加强农业基础设施建设，加快农业科技进步，促进农业和农村经济发展。

4月11日　省政府印发《关于深化改革严格土地管理有关问题的通知》，要求严格建设用地审批和管理，切实加强耕地保护，坚持节约和集约用地，完善征地补偿和安置制度，全面落实严格土地管理的各项措施。

4月25日　省政府办公厅转发省教育厅、省财政厅《关于加快我省国家扶贫开发工作重点县"两免一补"实施步伐有关工作的意见》，决定从2005年春季学期起，对国家扶贫开发工作重点县的农村义务教育阶段贫困家庭学生全部免费发放教科书、免除杂费、补助寄宿生生活费（简称"两免一补"）。

5月18日—20日　首届中国国际徽商大会在合肥举行，为扩大安徽对外交流合作、推动经济发展搭建了一个重要平台。

5月20日　省政府印发《关于加快县域外向型经济发展的若干意见》。

6月12日　省政府印发《关于做好被征地农民就业和社会保障工作的指导意见》。

6月16日　省政府印发《关于进一步加快利用外资步伐提高利用外资水平的指导意见》，要求充分利用两个市场、两种资源，在更大范围、更宽领域、更高层次上参与国际经济技术合作与竞争，全面提升安徽省对外开放水平。2010年12月28日，省政府印发《关于进一步提高利用外资工作水平的指导意见》。

6月20日　省政府召开全省发展循环经济、建设节约型社会电视电话会议。9月22日，省政府印发《关于加快发展循环经济的若干意见》。

6月27日　省委办公厅、省政府办公厅印发《关于开展农村综合改革试点建立农村基层工作新机制的意见》，决定在每个市选择一个县（市、区）先行开展农村综合改革试点。2007年，试点在全省范围内全面推开。

6月　安徽省成为全国唯一的农村商品流通改革和市场建设试点省。10月10日，省政府印发《关于开展农村商品流通改革和市场建设试点工作的实施意见》，提出力争用三年左右的时间，初步建立起高效畅通的农村现代商品流通网络。

7月5日 省委、省政府转发省综治委、省政法委《关于建设"平安安徽"促进社会和谐稳定的意见》。

7月22日 省委办公厅、省政府办公厅印发《关于建立健全党政领导干部信访接待日制度的意见》。

9月6日 省政府印发《关于进一步深化经济体制改革的意见》，提出以产权制度改革为核心，大力推进国有企业改革，以发展非公有制经济为突破口，进一步调整所有制结构。

10月25日 全国义务教育均衡发展研讨会在铜陵召开，总结铜陵市推行教育均衡、消除择校风的成功经验。铜陵市是全国第一个大面积取消义务教育阶段择校的城市，创造了义务教育均衡发展的范例。2006年7月19日，省政府印发《关于推进义务教育均衡发展的意见》。

10月31日 我国第一个发动机自主品牌ACTE-CO在芜湖奇瑞汽车公司诞生。

11月11日 省政府办公厅印发《关于完善和发展新型农村合作医疗试点工作的意见》，要求加快试点步伐，到2008年在全省农村基本建立新型农村合作医疗制度，确保2010年实现基本覆盖农村居民的总体目标。

11月18日—19日 安徽省首届产权（技术）交易大会召开。安徽省产权交易市场于18日挂牌。

12月12日 省政府办公厅印发《安徽省高速网规划要点》，提出到2020年，全省形成"四纵八横"高速公路网，高速公路总里程达到5500公里。

12月13日—15日 省委七届九次全体（扩大）会议召开，学习贯彻党的十六届五中全会和中央经济工作会议精神，审议通过《关于制定安徽省国民经济和社会发展第十一个五年规划的建议》。《建议》提出，"十一五"时期，全省国民经济年均增长 10% 以上，到 2010 年地区生产总值超过 1 万亿元，人均生产总值比 2000 年翻一番半以上，尽快缩小与全国平均水平的差距，为安徽崛起打下坚实的基础。

12 月 29 日　省政府印发《关于加快推进城乡救助体系建设的意见》，提出以灾民救助救济、城市低保、农村五保供养、农村特困救助、城乡医疗救助等为重点，进一步完善灾害救助、社会救助和社会互助三大救助体系，争取用三至五年时间，在全省基本建立起城乡社会救助体系。

同日　省政府印发《安徽省人民政府突发公共事件总体应急预案》。2020 年 8 月 6 日，省政府修订印发《安徽省突发事件总体应急预案》。

本年　安徽省启动小麦高产攻关活动。全省小麦总产连续五年创历史新高，单产超过全国平均水平。2010 年 9 月，安徽启动新一轮小麦高产攻关活动。

本年　安徽省实施积极就业政策成效显著，就业规模不断扩大。到年底，全省就业人员达到 3669.7 万人，比 2000 年增加 219 万人。五年间，城镇登记失业率始终保持在 4.5% 预期目标以内。

二〇〇六年

1月14日 省十届人大常委会第二十一次会议通过《安徽省农业机械化促进条例》。

1月17日—19日 全省农村工作会议召开,研究部署新农村建设和2006年农村工作,提出实施"千村百镇示范工程"。3月7日,省委、省政府印发《关于贯彻〈中共中央、国务院关于推进社会主义新农村建设的若干意见〉的实施意见》。

1月19日 省政府办公厅印发《关于加强艾滋病重点救助关怀村建设的意见》。6月5日,省政府办公厅印发《安徽省遏制艾滋病与防治艾滋病行动计划(2006—2010年)》。

3月16日 省政府办公厅转发省农委《关于实施水稻产业提升行动的意见》,提出从2006年至2010年连续五年在全省水稻主产区实行水稻产业提升行动,进一步挖掘水稻产业发展潜力。

3月23日 省委办公厅、省政府办公厅转发《省人才工作领导小组关于实施"115"产业创新团队建设工程的意见》,提出从2006年起用五年左右时间,建设100个左右产业创新团队,选聘100名左右创新团队带头人和500名左右带头人助理,集中开展"861"行动计划重点产业项目的科技攻关、新产品研发和科技成果转化工作。

5月22日 省政府印发《关于加强文化遗产保护的通知》。

5月30日—31日 全省加快县域经济发展工作会议召开。7月15日,省委、省政府印发《关于进一步加快县域经济发展的意见》。

2008年5月3日，省委、省政府印发《关于贯彻落实科学发展观促进县域经济又好又快发展的若干意见》。

6月9日 省委、省政府印发《关于实施科技规划纲要增强自主创新能力的意见》。

6月11日—12日 全省文化体制改革试点工作会议在芜湖召开，传达贯彻中央关于深化文化体制改革的部署，研究推进全省文化体制改革试点工作。9月5日，省委、省政府印发《关于深化文化体制改革的实施意见》。

7月14日—15日 全省国有企业改革工作会议召开，要求坚持整体推进，突出重点，打好深化国有企业改革攻坚战。8月15日，省委、省政府印发《关于进一步深化国有企业改革的实施意见》。

7月 全省城乡各类用电全面实现同价，每年可减轻农村用电户负担13.3亿元。

8月1日 省委、省政府印发《关于进一步加强皖北及沿淮地区经济社会发展的意见》。2008年11月7日，省委、省政府印发《关于加快皖北和沿淮部分市县发展的若干政策意见》。

8月25日 省十届人大常委会第二十五次会议通过《安徽省中小企业促进条例》。

8月28日 国家（芜湖）汽车电子产业园在芜湖经济技术开发区揭牌。这是全国首个国家级汽车电子产业园。

9月5日 省政府印发《关于加快发展城市社区卫生服务的实施意见》，要求到2010年新建社区卫生服务机构1000个左右，社区卫生服务人员覆盖率超过85%，居民可以在社区享受到疾病预防等公共服务和一般常见病、多发病的基本医疗服务。

9月6日 省委办公厅、省政府办公厅印发《关于进一步加强农村文化建设的实施意见》。

9 月 14 日　省政府印发《贯彻国务院关于落实科学发展观加强环境保护决定的实施意见》，提出到 2010 年，全省主要污染物得到有效控制，万元生产总值能耗比"十五"末下降 20% 左右，主要污染物化学需氧量和二氧化硫完成国家下达的削减任务。

9 月 15 日　马鞍山市荣获"国家环境保护模范城市"称号，成为中部地区和全国钢铁工业城市中首个国家环保模范城市。

9 月 28 日　世界首台由我国自行设计、研制的新一代全超导非圆截面托卡马克核聚变装置在合肥建成并正式投入运行，标志着中国磁约束核聚变研究进入世界先进水平。

10 月 16 日　设计年生产能力 1140 万吨的刘庄煤矿建成投产。该矿井主井井塔高达 90.8 米，为亚洲第一井塔。该矿现代化装备、数字化管理水平先进，被誉为"中国第一对数字化矿井"。

10 月 26 日—30 日　中国共产党安徽省第八次代表大会召开，动员全省广大党员和各族人民，抢抓机遇，乘势而上，推进跨越式发展，构建和谐安徽，全面建设小康社会，为加快安徽崛起而努力奋斗。

11 月 27 日　安徽省首届优秀中国特色社会主义事业建设者表彰大会召开，70 名非公有制经济人士受到表彰。

12 月 21 日—22 日　全省经济工作会议提出：推进工业强省战略，加强创新能力建设；加快发展现代农业，扎实推进新农村建设；提升"861"行动计划，进一步提高投资和项目工作水平；强化中心城市带动作用，统筹区域经济发展；注重节能降耗和污染减排，加快转变经济增长方式；深化各项改革，大力推进全民创业；推进东向发展，着力提高经济外向度；加强社会建设，努力促进社会和谐。

12 月 22 日　省十届人大常委会第二十七次会议通过《安徽省安全生产条例》。

12 月 29 日　省政府印发《安徽省农村扶贫开发"十一五"规划纲要》，提出：到 2010 年基本解决现有农村绝对贫困人口的温饱问题，对特困家庭和丧失劳动能力贫困人口实现基本的救济和救助保障；巩固已解决温饱人口脱贫成果，稳步提高生活质量和综合素质，抑制返贫；力争使国家扶贫开发工作重点县的农民人均纯收入增长率每年高于全省平均水平 1 个百分点以上；按现行贫困标准，全省贫困发生率降至 5% 以下。

年底　省委、省政府决定从 2007 年起在全省全面建立农村最低生活保障制度，将 130.9 万名特困群众全部纳入低保范围。

二〇〇七年

1月5日　省政府印发《关于实施十二项民生工程促进和谐安徽建设的意见》，决定从 2007 年开始启动和实施 12 项民生工程。此后，全省民生工程项目不断调整，2008 年达 18 项，2009 年达 28 项，2010 年后稳定为 33 项。

1月19日　省委八届二次全会召开，审议通过《关于贯彻落实党的十六届六中全会精神努力构建和谐安徽的意见》，对构建和谐安徽作出全面部署。

2月5日　省政府印发《关于进一步加快个体私营等非公有制经济发展推进全民创业的意见》，提出进一步完善政策，加强服务，改进监管，大力推进全民创业，不断提升非公经济发展水平。

2月6日　省政府印发《安徽省深化义务教育经费保障机制改革实施方案》，决定逐步将义务教育全面纳入公共财政保障范围，建立中央、省、市、县（市、区）分项目，按比例分担的义务教育经费保障机制。从 2007 年起，安徽全部免除义务教育阶段学生学杂费。

2月9日　省委、省政府印发《关于加强和谐社区建设的意见》，提出努力把全省社区建设成为居民自治、管理有序、服务完善、环境优美、治安良好、文明祥和的新型社区。

2月16日　省委、省政府印发《关于贯彻〈中共中央、国务院关于积极发展现代农业扎实推进社会主义新农村建设的若干意见〉的实施意见》，提出用现代科学技术改造农业、用多元化投入机制保障农业、用现代产业体系提升农业、用现代经营形式推进农业、用现代物质条件装备农业、用培育新型农民发展农业的举措。

4月5日 全省第一个国家级节水型社会建设试点城市——淮北市启动节水型社会建设。

4月20日 省委、省政府印发《关于全面推进集体林权制度改革的意见》，提出争取用两年左右的时间，通过确权发证推进主体改革，实现"山有其主，主有其权，权有其责，责有其利"的改革目标。到2010年12月，全省基本完成集体林确权发证任务。

同日 全省旅游发展大会强调，要从经济社会发展全局出发，推动旅游业跨越式发展，加快实现从旅游资源大省向旅游产业大省乃至旅游经济强省的转变。8月6日，省委、省政府印发《关于推进旅游产业大省建设的意见》。

7月7日 省政府印发《关于加快我省装备制造业发展的若干意见》，提出围绕重点发展领域，打造合肥、沿江、沿淮等装备制造产业带，建成一批生产能力和技术水平达到国内领先、具有较强竞争力的装备制造业集中地的发展目标。2009年7月29日，省政府印发《安徽省装备制造业调整和振兴规划》。

7月21日 省政府印发《关于加快发展服务业的若干政策意见》。2009年11月13日、2011年11月22日，省政府分别印发《关于加快发展服务业的若干意见》《进一步支持服务业加快发展若干政策》。

8月2日 省政府印发《关于建立健全普通本科高校高等职业学校和中等职业学校家庭经济困难学生资助政策体系的实施意见》，要求加大财政投入，落实各项助学政策，扩大受助学生比例，提高资助水平，从制度上基本解决普通本科高校、高等职业学校和中等职业学校家庭经济困难学生的上学难问题。

8月6日 省政府印发《关于进一步加快农村卫生事业发展的意

见》，提出全面建立新型合作医疗与医疗救助相结合的农村医疗保障制度，确保农民人人享有基本卫生保健。

8月8日 全省网络文化建设和管理工作会议召开，强调要牢牢把握社会主义先进文化前进方向，始终坚持一手抓建设、一手抓管理，努力把互联网等信息网络建设好、利用好、管理好。

8月16日 全省工业强省大会强调，要大力推进工业强省战略，坚持走新型工业化道路，奋力加快资源大省向新型工业强省的跨越。9月29日，省委、省政府印发《关于工业强省的决定》。

8月27日 省政府印发《关于开展城镇居民基本医疗保险工作的意见》，提出到2008年年底基本实现城镇居民基本医疗保险制度全覆盖。

9月18日 第一届全国道德模范颁奖晚会举行。至2021年，共评选8届，全省有徐辉、李玉兰等25人当选，总数居全国第一。

9月20日 马钢公司500万吨钢新区工程举行投产仪式。

10月30日 省政府印发《关于解决城市低收入家庭住房困难的实施意见》。11月16日，省政府召开全省城市住房工作电视电话会议，部署解决城市低收入家庭住房困难工作。

10月30日—31日 省委八届五次全体（扩大）会议召开，强调要全面贯彻落实党的十七大精神，加快推进安徽奋力崛起进程。

11月30日 全省社会治安综合治理暨农村平安建设工作会议在池州召开，强调把解决民生问题作为社会治安综合治理的重中之重，深入开展平安创建活动。

11月30日—12月2日 首届中国国际动漫创意产业交易会在合肥举办。11月，国家新闻出版总署批复同意合肥、芜湖建设国家动漫产业发展基地。

12月 我国首台国产万亿次高性能计算机在中国科学技术大学研制成功。

二〇〇八年

1月8日 由文化部批准设立的徽州文化生态保护实验区授牌仪式在黄山市举行。实验区保护范围包括黄山市、绩溪县和江西省婺源县，是全国第一个打破行政区划、跨省市县的生态文化保护实验区。

1月11日—14日 胡锦涛考察安徽时强调：只有不断提高自主创新能力，才能始终把握发展的主动权；要确保淮河流域防洪安全和沿淮人民安居乐业；党和政府要关心群众生活，要让群众的日子越过越好。

2月24日 省委、省政府印发《关于贯彻〈中共中央、国务院关于切实加强农业基础建设进一步促进农业发展农民增收的若干意见〉的实施意见》。

3月11日 省委办公厅、省政府办公厅印发《关于进一步推进江淮分水岭易旱地区综合治理开发工作的意见》，要求以建设社会主义新农村统揽全局，以农民增收为目标，推进江淮分水岭易旱地区新一轮综合治理开发，重点实施生产发展、生活改善、生态文明三大工程。4月11日，省政府办公厅印发《江淮分水岭易旱地区综合治理开发2008—2012年规划纲要》。

3月24日—27日 世界遗产地旅游管理与可持续发展国际会议在黄山市举行，通过世界文化遗产地与旅游管理《黄山宣言》。

3月31日 安徽省与长三角口岸全面实现区域通关。

4月3日 省委八届七次全会召开，强调以改革创新精神全面加强党的建设，着力提高各级领导干部领导科学发展的能力。

4月16日 经省政府同意，省发改委批准马鞍山市和芜湖市设立安徽省城乡一体化综合配套改革试验区，建立以工促农、以城带乡长效机制，争取用三至五年的时间，基本形成城乡一体化发展的新格局。

4月18日 合宁铁路正式通车。这是安徽省第一条高速铁路。到2020年年底，全省高速铁路运营里程达2329公里，居全国第一。

同日 芜湖方特欢乐世界开园。该项目为亚洲最大高科技文化主题公园。

4月23日—24日 全省产业化工作会议在宣城召开，部署实施农业产业化"532"提升行动，即全面提升龙头企业的规模和实力、农业产业化科技水平、农产品精深加工水平、农产品市场竞争力、农业产业化带动能力，到2012年全省农产品加工产值达到3000亿元，农业产业化经营为全省农户户均增收2000元。

5月7日 省委、省政府印发《关于进一步加快全省水利建设和改革的意见》，提出全省水利建设和改革的目标任务，到2020年初步实现水利现代化。

5月28日 省政府办公厅印发《安徽省会经济圈发展规划纲要（2007—2015年）》。规划范围包括合肥、六安、巢湖。

6月11日 省政府印发《关于进一步做好促进就业工作的意见》。

6月 宁国中鼎集团并购美国AB公司，开启了皖企并购元年。

7月22日 省政府办公厅印发《安徽省节能奖励办法》。12月15日，省政府印发《关于深入开展全民节能行动和加强节油节电工作的通知》，部署深入开展全民节能行动，推进重点领域节油节电。

8月8日—24日 安徽运动员在第二十九届北京奥运会上夺得一金两银；9月6日—17日，在第十三届北京残奥会上夺得两金一银一铜。

8月12日 省政府办公厅印发《安徽省"十一五"农民体育健身工程实施方案》，明确到2010年完成4000个行政村农民健身场地设施建设，使农村经常参加体育锻炼的人数显著增加。

8月22日 省十一届人大常委会第四次会议通过《安徽省全民健身条例》。

8月26日—9月1日 安徽省党政代表团赴沪、苏、浙学习考察，呼吁推进泛长三角分工合作、共同发展，得到两省一市的高度重视和积极响应。12月15日至16日，长三角地区主要领导座谈会在浙江宁波举行，安徽省委、省政府主要领导首次应邀出席。

8月29日 中国（合肥）非物质文化遗产园奠基仪式在长丰县举行。这是我国建设的首个非物质文化遗产园。

9月26日 省委印发《关于开展深入学习实践科学发展观活动的实施意见》，确定从2008年9月开始，用一年半左右时间，在全省党员中分三批开展深入学习实践科学发展观活动。2010年5月5日，省委印发《关于建立健全学习实践科学发展观长效机制的意见》。

9月30日 胡锦涛在安徽考察，就深入学习实践科学发展观活动、切实推动经济社会又好又快发展、做好农村改革发展工作、保障和改善民生、维护好社会稳定等提出明确要求。

10月8日 经国土资源部批准，合肥市成为全国首个国家节约集约用地试点市。12月18日，试点工作全面启动。

10月14日 省委、省政府印发《关于合芜蚌自主创新综合配套改革试验区的实施意见（试行）》。这是全国首个以自主创新为主题的综合配套改革试验区。

10月31日 省委、省政府印发《关于进一步推动个体私营等非公有制经济又好又快发展的意见》。2010年11月16日，省政府印发

《关于进一步促进非公有制经济和中小企业加快发展的实施意见》。

同日 省政府印发《关于促进经济平稳较快增长的若干意见》。11月25日，省委、省政府印发《关于进一步扩大内需促进经济又好又快发展的意见》。

10月 经科技部批准，淮南市毛集实验区入选首批国家可持续发展先进示范区，成为全省首个国家可持续发展先进示范区。

11月9日 由文化部、农业部和安徽省人民政府联合主办的首届中国农民歌会在滁州开幕。

11月11日—12日 省委八届九次全会召开，深入学习贯彻党的十七届三中全会精神，审议通过《中共安徽省委关于贯彻〈中共中央关于推进农村改革发展若干重大问题的决定〉的实施意见》，强调要全面深化农村改革，实现现代农业建设新突破。

12月5日 两淮亿吨级大型煤电基地竣工投产仪式在淮南举行。两淮大型煤炭基地包括淮南、淮北两个矿区，是国家规划建设的13个大型煤炭基地中首个建成投产的基地。

12月8日 省政府召开会议，对家电下乡工作进行部署，为期四年的家电下乡活动全面启动。

12月19日 合肥新桥国际机场正式开工。2013年5月30日，新桥国际机场建成通航。

12月22日 安徽首家外资银行——东亚银行合肥分行开业。

二〇〇九年

1月15日 省政府印发《关于农村土地承包经营权流转若干问题的意见》，提出要坚持稳定农村土地承包关系长久不变，坚持依法、自愿、有偿流转，积极稳妥地开展农村土地流转。9月4日，全省农村集体土地确权和登记发证工作启动。

1月19日 省委、省政府印发《关于贯彻〈中共中央、国务院关于2009年促进农业稳定发展农民持续增收的若干意见〉的实施意见》。

1月20日 马鞍山市被评为全国文明城市，成为中部地区唯一的全国文明城市。安徽文明城市创建工作实现突破。

2月1日 省政府办公厅印发《关于进一步加快电子信息产业发展的意见》，提出到2020年，将安徽省发展为全国重要的电子信息产品研发生产基地。5月5日，省政府印发《安徽省电子信息产业调整和振兴规划》。

2月11日 省政府印发《关于进一步减轻企业负担的通知》，要求清理规范涉企行政事业性收费，整顿规范涉企经营服务性收费，减少各类涉企会议，全面规范涉企检查、评比和表彰活动。

2月26日 省政府印发《关于支持中国科学技术大学建设世界一流研究型大学的若干意见》。

3月5日 国务院批复铜陵成为全国资源型城市转型试点市。

3月12日 省政府办公厅印发《关于加快茶产业发展的意见》，

决定从 2009 年起，实施茶产业振兴工程，重点推进皖南山区和皖西大别山区茶产业发展。

3 月 17 日 省委办公厅、省政府办公厅印发《关于进一步净化社会文化环境促进未成年人健康成长的实施意见》。

4 月 15 日 省政府印发《关于加快发展交通运输业的若干意见》。9 月 2 日，省委、省政府印发《关于加快铁路建设的若干意见》。

4 月 26 日—28 日 以"创新、合作、共赢、崛起"为主题的第四届中国中部投资贸易博览会暨第五届中国国际徽商大会在合肥举办。2017 年 5 月，第十届中博会再次在合肥举办。

5 月 11 日 省政府印发《关于加快实施廉租住房保障制度的通知》，提出从 2009 年起，用三年时间，以实物配租、发放租赁补贴等方式，基本解决全省现有 35 万户城市低收入住房困难家庭的住房问题。

6 月 1 日 省委、省政府印发《关于实施扩权强镇的若干意见》。

6 月 11 日 省政府决定在 61 个县（市）全面推开扩大县级经济社会管理权限工作，第一批确定扩大县级经济社会管理权限 143 项。2010 年 3 月 31 日，确定第二批扩大县级经济社会管理权限 144 项。

6 月 20 日 省十一届人大常委会第十二次会议通过《安徽省农产品质量安全条例》。

6 月 29 日 省委、省政府印发《关于深化医药卫生体制改革的实施意见》，在全国率先启动基层医药卫生体制综合改革。11 月，在 32 个县（市、区）实施以基本药物零差率销售为突破口的基层医药卫生体制改革试点。2010 年 1 月 21 日，第一次全国医改现场会在合肥召开，推广安徽基层医改经验；从 9 月 1 日起，安徽在全国率先实现基本药物零差率销售全覆盖。

7 月 20 日 省政府印发《关于进一步稳定农业发展促进农民增

收的意见》。2010 年 8 月 16 日，省政府印发《关于进一步促进农民增收的若干意见》。

7 月 27 日　安徽电子口岸建成。

7 月 31 日　省政府印发《安徽省职业教育大省建设规划（2008—2012 年）》，提出到 2012 年基本建成现代职业教育体系，职业教育服务经济社会发展的贡献度大幅提升。

8 月 11 日　省委、省政府印发《关于进一步加强扶贫开发工作的意见》，部署实施"552"扶贫行动计划，即主攻皖北地区、大别山等革命老区、沿淮行蓄洪区、皖南深山区和江淮分水岭地区五个重点区域，突出整村推进、产业扶贫、"雨露计划"、社会扶贫和移民搬迁五项重点工作，力争五年实现 200 万扶贫对象脱贫。

8 月 17 日　省政府印发《关于进一步加快中医药事业发展的意见》。

8 月 19 日　全省林业工作会议强调，以集体林权制度改革为突破口，大力发展现代林业，奋力推动建设生态强省、打造绿色安徽的进程。11 月 4 日，省委、省政府印发《关于加快林业改革发展的若干意见》。

8 月 21 日　省委、省政府印发《关于加快合肥经济圈建设的若干意见》。2011 年 11 月 30 日，合肥经济圈第一次党政领导会商会议在巢湖召开。2016 年，合肥经济圈升级为合肥都市圈。

同日　省委办公厅、省政府办公厅印发《关于加强引进海外高层次人才工作的实施意见》，决定从 2009 年起，用五至十年时间，引进并重点支持 100 名左右科技领军人才来皖创新创业，建立 10~20 个省级海外高层次人才创新创业基地。

8 月 28 日　省委、省政府印发《关于加快建设文化强省的若干意见》，提出到"十二五"末，使全省文化发展主要指标、文化事业整体水平、文化产业综合实力处于中西部领先水平，部分行业和领域发展水平位居全国前列。

9月4日　省委、省政府印发《关于进一步做好投资消费出口工作保持经济平稳较快发展的若干意见》。

10月27日—28日　省委八届十二次全会召开，审议通过《关于贯彻落实〈中共中央关于加强和改进新形势下党的建设若干重大问题的决定〉的意见》。

11月10日　省政府印发《关于加快生物产业发展的实施意见》，提出到2015年前后努力将生物产业逐步培育成为全省的支柱产业。

11月13日　省政府印发《关于加快新能源和节能环保产业发展的意见》，提出到2015年，新能源产业实现主营业务收入突破1000亿元，节能环保产业实现主营业务收入突破1200亿元。

12月3日　省委、省政府印发《关于深入推进省直机关效能建设的若干意见》。

12月22日　省委、省政府印发《关于做好关爱农村留守儿童工作的意见》。

12月25日　省政府印发《关于开展新型农村社会养老保险试点工作的实施意见》。2011年8月22日，省政府印发《关于开展城镇居民社会养老保险试点工作的实施意见》。到2012年年底，安徽基本实现社会养老保险制度全覆盖。

本年　全省生产总值首次突破1万亿元，达10052.9亿元。

二〇一〇年

1月8日　省政府印发《安徽省应对气候变化方案》。

1月10日　合肥被确定为首批国家创新型试点城市。

1月11日　省委办公厅、省政府办公厅印发《关于深入推动民族团结进步事业创新发展的若干意见》。

1月12日　国务院正式批复《皖江城市带承接产业转移示范区规划》。这是第一个为促进中西部地区承接产业转移专门制定的国家战略规划，是安徽省第一个上升到国家战略层面的发展规划。2月1日和4月2日，省委、省政府分别印发《关于推进皖江城市带承接产业转移示范区建设的决定》《关于皖江城市带承接产业转移示范区规划的实施方案》和《关于加快推进皖江城市带承接产业转移示范区建设的若干政策意见》。到2015年6月，示范区主要经济指标均实现翻番，五年大发展目标基本实现。

1月13日　沈浩同志先进事迹报告会在北京人民大会堂举行。沈浩生前为安徽省财政厅选派干部、凤阳县小岗村党委第一书记，2009年11月6日因长期劳累倒在工作岗位上。7月1日，电影《第一书记》首映式暨图书《沈浩日记》首发式在人民大会堂举行。

1月23日　省委、省政府召开国家技术创新工程安徽省试点工作动员大会，按照《国家技术创新工程总体实施方案》的要求，部署试点工作，加快推进创新型安徽建设。

2月10日　省委、省政府印发《关于贯彻〈中共中央、国务院关于加大统筹城乡发展力度进一步夯实农业农村发展基础的若干意见〉的实施意见》。

2月26日 省委、省政府印发《关于加强和改进新形势下城乡社区服务工作的意见》，提出力争通过三年的努力，将全省98%的城市社区和60%的农村社区建设成为管理有序、服务完善、文明祥和的社会生活共同体，基本实现社区居（村）民老有所养、残有所助、孤有所抚、病有所医、学有所教、难有所帮。

3月23日 省政府办公厅印发《关于推进城市和国有工矿棚户区改造工作的实施意见》，全面启动城市和国有工矿棚户区改造工作。

4月2日 省委、省政府印发《关于建设高等教育强省的若干意见》，提出到2020年，初步建成能够支撑经济发展和产业升级、引领社会进步和文化繁荣的具有安徽特色的应用型高等教育体系，全省高等教育毛入学率超过全国平均水平，高校毕业生就业率进入全国先进行列，高等教育综合实力处于中部省份领先水平。

4月12日 省委、省政府印发《关于深入贯彻落实科学发展观加快转变经济发展方式的意见》。

4月30日 省委部署深入开展创建先进基层党组织、争当优秀共产党员活动，推动科学发展，促进社会和谐，服务人民群众，加强基层组织。

5月10日 省政府办公厅印发《安徽省外国专家奖励办法（试行)》。

6月3日 安徽省被评为全国社会治安综合治理工作优秀省，首次跨入全国优秀行列。

6月23日 以"盛世徽韵"为主题的上海世博会安徽活动周拉开帷幕。24日，以"观世博、游安徽"为主题的世博安徽旅游国际推介会在上海浦东国际会议中心举行。

8 月 23 日　省政府规定，从 2011 年 1 月 1 日起，将按预算外管理的收入（不含教育收费）全部纳入预算管理。

9 月 3 日　省政府办公厅印发《关于创建省级现代农业示范区的意见》，提出用五年时间，在有条件的农业县（市、区、农场）建设 80 个左右省级现代农业示范区。

9 月 4 日　2010 年中国企业 500 强发布暨大企业高峰会在合肥举行。12 家皖企跻身全国 500 强。

11 月 17 日—19 日　省委八届十三次全会召开，审议通过《关于制定安徽省国民经济和社会发展第十二个五年规划的建议》。《建议》提出，力争到 2015 年生产总值、财政收入、城乡居民收入比 2010 年翻一番，全省人均生产总值与全国平均水平差距进一步缩小，贫困人口显著减少，人民生活质量和水平不断提高。

12 月 2 日　全省治淮工作会议召开，研究部署新一轮治淮工作。会议强调，要始终坚持"蓄泄兼筹"的治淮方针，科学治水，依法管水，合力兴水，全力推进新一轮治淮建设，让淮河早日成为一条安澜之河、清澈之河、富庶之河。

12 月 21 日　省委、省政府印发《关于加快培育和发展战略性新兴产业的意见》，部署实施战略性新兴产业"千百十工程"，即到 2015 年开工建设 1000 个左右重点项目，培育和引进 100 个左右重点企业，培育 10 个左右特色产业基地。

二〇一一年

1 月 21 日　省委办公厅、省政府办公厅印发《关于加快推进残疾人社会保障体系和服务体系建设的实施意见》，提出到 2015 年，全省建立起残疾人"两个体系"基本框架，使残疾人基本生活、医疗、康复、教育、就业、文化体育等基本需求得到制度性保障。

1 月 29 日　省委、省政府印发《关于贯彻〈中共中央、国务院关于加快水利改革发展的决定〉的实施意见》，提出通过五至十年的努力，力争从根本上扭转水利建设明显滞后的局面。

2 月 17 日　省委、省政府印发《安徽省中长期教育改革和发展规划纲要（2010—2020 年）》，提出全面普及十五年基础教育、大力发展职业教育、建设高等教育强省、加快发展继续教育、加强民族教育和特殊教育等任务。

同日　省政府印发《关于加快推进养老服务体系建设的决定》。

2 月 28 日　省政府办公厅印发《关于进一步加强孤儿保障工作的通知》。

3 月 10 日　省政府办公厅印发《关于加快发展公共租赁住房的实施意见》。

4 月 2 日　省政府印发《关于进一步加快发展旅游业的实施意见》。

4 月 8 日—10 日　习近平围绕"十二五"规划贯彻实施和党的建设深入阜阳、合肥的农村、企业、社区、大学和科研机构进行调研。

10 日，习近平主持召开座谈会，听取省委和省政府工作汇报，对近年来安徽省经济社会发展和党的建设取得的成绩给予肯定，对今后工作提出殷切希望。他指出，"十二五"时期是我国发展的重要战略机遇期，也是安徽大有可为的黄金发展期。希望安徽的同志们再接再厉，乘势而上，在新的起点上取得新的更大成绩。

4 月 11 日 省政府办公厅印发《安徽省农业产业化"671"转型倍增计划实施方案》，提出到 2015 年，培育 60 个年产值超 50 亿元的农业产业化示范区，农产品加工业产值突破 7000 亿元，农业产业化带动农民人均增收 1000 元。

4 月 30 日—5 月 1 日 全国文化体制改革工作会议在合肥召开。安徽省作文化体制改革发展情况介绍。安徽省及 17 个省辖市全部被评为全国文化体制改革工作先进地区。

5 月 10 日 省委、省政府印发《关于进一步加强与中央企业合作发展工作的意见》。2012 年 7 月 27 日，省政府印发《关于进一步深化与全国知名民营企业合作发展工作的指导意见》。

同日 安徽省首次参加长三角地区旅游合作联席会议，签署《苏浙皖沪旅游一体化合作框架协议》。

6 月 29 日 省委、省政府印发《关于实施"十二五"居民收入倍增规划的指导意见》，提出实施就业提升工程、创业富民工程、民生普惠工程、财富增值工程，着力增加居民工资性收入、经营性收入、转移性收入、财产性收入，力争到 2015 年城乡居民收入比 2010 年翻一番。

6 月 30 日 省委、省政府印发《关于进一步促进安徽大别山革命老区又好又快发展的若干意见》，重点扶持金寨、霍山、舒城、潜山、太湖等 10 县（区）。

7 月 8 日 省政府印发《关于推进农村危房改造和村庄整治工作

的意见》。

7月26日　省政府印发《关于进一步推进节约集约用地的若干意见》。2013年9月7日，省政府印发《关于进一步强化土地节约集约利用工作的意见》，首次将节约集约用地、耕地保护、依法用地等目标，纳入对市、县人民政府的目标管理考核及领导干部离任审计。

7月28日—29日　全省社区综合管理体制改革现场会在铜陵召开，宣传推广铜官山区撤销街道办事处、实行区直管社区的经验做法。铜陵市是全国第一个全部撤销街道办事处的地级市，铜官山区是全国首个社区管理和服务创新实验区。

7月　省委统战部组织7个民主党派省委、省工商联、省知联会在金寨县4个乡镇9个村实施"同心示范工程"，帮助革命老区发展特色产业、建设基础设施，加快脱贫致富步伐。

8月4日　省政府印发《关于进一步鼓励台湾同胞投资兴业促进皖台合作发展的若干意见》。

8月11日　省政府印发《关于进一步加强城市生活垃圾处理工作的实施意见》。

8月24日　省政府办公厅印发《关于积极稳妥推进户籍管理制度改革的意见》，分类明确户口迁移政策，引导非农产业和农村人口有序向中小城市和建制镇转移，逐步实现城乡基本公共服务均等化。

8月26日　省委印发《法治安徽建设纲要（2011—2015年）》。2013年9月25日，省委办公厅、省政府办公厅印发《关于加快推进法治安徽建设的意见》。

9月5日　省政府印发《安徽省民生工程"十二五"规划》，提出建立重点民生工程项目库，按照不低于16%的年均增幅加大投入，重点实施医疗教育、就业服务、社会保障等八大类民生工程项目。

9月15日　省委召开会议，动员部署开展以访民情、汇民智、释民惑、解民忧、惠民生为主题的五级书记带头大走访活动。到2012年2月底活动结束。

10月26日—30日 中国共产党安徽省第九次代表大会召开。大会批准八届省委《深入贯彻落实科学发展观为建设经济繁荣生态良好人民幸福社会和谐的美好安徽而奋斗》的报告，提出未来五年的奋斗目标：全面完成"十二五"规划目标任务，努力打造加速崛起的经济强省、充满活力的文化强省、宜居宜业的生态强省，加快建设美好安徽，为全面建成小康社会打下具有决定性意义的基础。

11月10日 省委、省政府印发《关于加快新型城镇化进程的意见》，提出到2015年全省城镇化率超过50%，到2020年争取达到全国平均水平。

11月27日 省政府办公厅印发《〈促进中部地区崛起规划〉安徽省实施方案》，提出按照"一年开好局，五年大发展，十年新跨越"的战略步骤，将规划提出的战略目标落到实处。

12月28日 全省加强和创新社会管理工作会议召开，强调按照最大限度激发社会活力、最大限度增加和谐因素、最大限度减少不和谐因素的总要求，加快完善党委领导、政府负责、社会协同、公众参与的社会管理格局，积极构建符合时代特征、具有安徽特色的社会管理体系，不断提高社会管理科学化水平。

二〇一二年

1月18日　省委、省政府印发《关于加大农业科技创新力度加快推进农业现代化的意见》。

2月9日　省政府办公厅印发《关于进一步加快乡村旅游发展的若干意见》。

2月16日　省政府印发《安徽省战略性新兴产业"十二五"发展规划》，提出重点发展八大产业，打造11个产业基地，到2015年，全省力争新兴产业产值突破1万亿元。

2月20日　省委、省政府印发《关于贯彻〈中国农村扶贫开发纲要（2011—2020年）〉的实施意见》，明确新阶段扶贫开发的范围、标准（按2010年不变价，农民人均纯收入2300元）和对象，提出到2020年，稳定实现扶贫对象不愁吃、不愁穿，保障其义务教育、基本医疗和住房，扶贫开发工作重点县（市、区）综合经济实力明显提高。

2月26日　省政府印发《关于加强茶叶品牌建设进一步做大做强茶产业的意见》。

2月27日　省政府印发《关于加强环境保护重点工作的实施意见》，提出实行政府环保目标管理考核"一票否决"。

3月2日　省政府印发《关于加快推进军民结合产业发展的意见》，提出到"十二五"末，实现军民结合产业产值突破1000亿元。

3月15日　省政府公布"十二五"扶贫开发工作重点县（市、区）名单，包括国家连片特困地区大别山片区县12个，国家扶贫开发工作重点县（区）19个，省扶贫开发工作重点县（市、区）11个，省扶贫开发连片地区县（市、区）18个。16日，省政府办公厅印发《安徽省"十二五"农村扶贫开发规划纲要》，提出到"十二五"末，力争实现扶贫对象不愁吃、不愁穿，争取提前稳定实现保障其义务教育、基本医疗和住房，重点县地方财政收入、农民人均纯收入等主要经济指标增长率高于全省平均水平，基本公共服务主要领域指标接近全省平均水平，扭转发展差距扩大趋势。

3月26日 省委、省政府印发《关于建设合芜蚌自主创新综合试验区人才特区的意见》，提出"十二五"期间，实施"611人才行动"，即围绕主导产业和经济社会发展重点领域，扎实推进6项工程建设，重点引进培育100名左右掌握国际领先技术、引领战略性新兴产业发展的领军人才和1000名左右从事主导产业关键核心技术研发并转化重大科技成果的高端人才，大力建设试验区人才特区。

4月4日 省政府印发《关于促进经济平稳较快发展的若干意见》，从帮助企业解决困难、推进结构调整、扩大外贸进出口、抓好招商引资、做好金融服务工作等方面提出30条意见。

4月9日 省委九届三次全体（扩大）会议召开，审议通过《关于贯彻落实党的十七届六中全会精神进一步加快文化强省建设的实施意见》。10月22日，省委、省政府印发《文化强省建设实施纲要》，提出着力推进八大专项行动，到2020年努力建成文化强省。

5月28日 省委办公厅、省政府办公厅转发《安徽省"十二五"时期社会主义新农村建设规划纲要》，对"十二五"安徽新农村建设作出全面部署。

6月5日 省政府印发《关于建立全科医生制度的实施意见》，提出到2020年，全科医生（含中医）数量达到2万人，初步建立起充满生机和活力的全科医生制度。

6月17日 省委、省政府印发《经济强省建设实施纲要》，提出重点推进十大专项行动，强力实施十项重大工程，力争经过十年左右的努力，初步建成经济强省。

同日 省委、省政府印发《关于进一步促进扶贫开发的若干政策意见》。27日，全省扶贫开发工作会议召开，动员全省上下坚决打好新一轮扶贫开发攻坚战。

7月9日 省政府印发《关于开展质量强省活动的意见》。8月15日，首届省政府质量奖名单公布，3家企业上榜。2018年8月10日，省委、省政府印发《关于开展质量提升行动推进质量强省建设的实施意见》。

7月28日 由安徽省与中国科学院合作、合肥市与中国科学技术大学共建的中国科学技术大学先进技术研究院启动建设，10月24日揭牌。

8月17日 省十一届人大常委会第三十五次会议通过《关于进一步加强全省饮用水安全保障工作的决议》。

9月10日 省委、省政府印发《关于全面推进美好乡村建设的决定》，提出围绕"生态宜居村庄美、兴业富民生活美、文明和谐乡风美"的建设目标，大力培育中心村、整治自然村、提升特色村，到2020年，力争全省80%以上的中心村达到美好乡村建设要求。同日，省政府印发《安徽省美好乡村建设规划（2012—2020年）》。

同日 省政府印发《关于加快做大做强主导产业的若干意见》，提出重点发展电子信息和家用电器产业、汽车和装备制造产业、材料和新材料产业、能源和新能源产业、食品医药产业、轻工纺织产业、现代服务业、文化产业。

9月19日 淮水北调工程开工典礼在濉溪县举行，2017年年底全面建成，2019年1月25日通过竣工验收。这是国务院确定的172

项节水供水重大水利工程之一。

9月21日 省委、省政府印发《关于深化科技体制改革加快区域创新体系建设的实施意见》，提出"十二五"时期，安徽基本形成区域创新体系，到2020年进入创新型省份行列。

9月22日 省政府印发《关于县级公立医院综合改革的意见》，全面启动县级公立医院改革。2014年4月1日，全省所有县级公立医院全部被纳入国家综合医改试点。2015年4月1日起，在全省100所城市公立医院同步实施取消药品加成、调整医疗服务价格和药品耗材联合带量采购的"三同步"改革。安徽在全国率先破除"以药养医"机制。

10月1日 安徽作为首批试点省份，率先在交通运输和部分现代服务业开展营业税改征增值税试点。2016年5月1日，营改增试点全面推开，同步实施增值税收入划分改革。

10月7日 省政府印发《关于实施千万亩森林增长工程推进生态强省建设的意见》，决定实施丘陵增绿突破、山地造林攻坚、平原农田防护林提升三大造林工程，开展森林城镇、森林村庄、森林长廊三项创建活动。至2016年，千万亩森林增长工程全面完成，全省累计完成人工造林978.88万亩，占规划建设任务的104%，林业总产值增至3192.4亿元。

10月16日 省政府印发《关于进一步加快全省开发区转型发展的指导意见》。2017年6月29日，省政府印发《关于促进全省开发区改革和创新发展的实施意见》。

10月22日 省委、省政府印发《生态强省建设实施纲要》，提出到2020年，力争全省生态竞争力综合指数比2010年翻一番，基本建成生态强省。

10月26日 省政府办公厅印发《关于扩大进口的若干意见》。

2018年9月17日，省政府办公厅印发《关于扩大进口促进对外贸易平衡发展的实施意见》。

11月17日　国务院批复《中原经济区规划（2012—2020年）》，安徽省宿州、亳州、淮北、阜阳、蚌埠五个市及淮南市凤台县、潘集区被纳入规划范围，标志着加快皖北发展正式进入国家战略规划。2016年12月底，皖北五市又被纳入中原城市群发展规划范围。

11月19日　省政府办公厅印发《关于实施绿道建设的意见》。安徽省是全国首个实施全域覆盖绿道建设的省份。

11月23日—24日　省委九届六次全体（扩大）会议召开，强调要深入学习贯彻党的十八大精神，扎实推进经济建设、政治建设、文化建设、社会建设和生态文明建设，全面提高党的建设科学化水平，不断把兴皖富民大业推向前进。

12月5日　全省纪念现行宪法公布施行30周年大会举行。会议强调，要坚持以党的十八大精神为统领，进一步增强宪法意识和法治观念，坚持不懈抓好宪法实施工作，加快推进依法治省进程，为建设美好安徽、全面建成小康社会提供坚强的法治保证。

12月12日　省政府办公厅印发《关于规范农村义务教育学校布局调整的实施意见》，通过科学规划、规范撤并，切实保障农村适龄儿童少年就近接受良好义务教育。

12月24日　省委印发《关于推进人民政协政治协商制度建设的意见》。

12月25日　全省经济工作会议召开，强调要紧紧围绕科学发展观主题和加快转变经济发展方式主线，以提高经济增长质量和效益为中心，稳中求进，开拓创新，进一步深化改革开放，进一步强化创新驱动，积极扩大有效需求，着力调整经济结构，切实保障和改善民生，实现经济持续健康较快发展和社会和谐稳定。

12 月 27 日　省委常委会会议讨论通过《关于改进工作作风、密切联系群众的规定》，提出改进调查研究、精简会议活动、精简文件简报、规范因公出国（境）管理、改进新闻报道、厉行勤俭节约六个方面 30 条具体要求。

二〇一三年

1月5日 省委印发《关于贯彻〈中国共产党巡视工作条例（试行）〉的实施规定》。2015 年 12 月 22 日，省委印发《贯彻〈中国共产党巡视工作条例〉实施办法》。九届安徽省委共开展 13 轮巡视，巡视 306 个地区、单位的党组织，首次实现一届任期内巡视全覆盖。

1月6日 省级行政审批项目清理结果公布。省直 45 家单位现行实施的 707 项省级行政审批项目，取消、调整 387 项，减项达 54.7%，保留事项办理时限平均压缩 51.2%。截至 2020 年年底，省级行政许可事项压缩至 192 项，为全国最少。

1月15日 全省农村工作会议强调，要推进工业化、信息化、城镇化、农业现代化同步发展和城乡一体化发展，以美好乡村建设为总抓手，努力开创"三农"工作新局面。2 月 7 日，省委、省政府印发《贯彻〈中共中央、国务院关于加快发展现代农业进一步增强农村发展活力的若干意见〉的实施意见》。

1月18日 安徽省国家农村信息化示范省建设试点在合肥启动，试点工作依托党员现代远程教育网络体系，建成覆盖全省的农村信息服务体系。

1月26日 省政府印发《关于促进建筑业转型升级加快发展的指导意见》，推动安徽向建筑业大省迈进。

1月29日 省政府印发《关于促进经济持续健康较快发展的意见》，提出 30 条政策措施。从 2013 年至 2021 年，安徽连续九年出台促进经济平稳健康发展政策文件。

2月4日 安徽省金寨、潜山、太湖、宿松等12个县被纳入《大别山片区区域发展与扶贫攻坚规划（2011—2020年)》范围，成为国家新一轮扶贫攻坚主战场之一。

2月5日 省政府办公厅印发《关于加快林下经济发展的实施意见》，决定全面实施林下经济发展"5211"工程，力争到2016年，全省形成五大特色林下经济示范片，发展林下经济面积达到2000万亩，林下经济产值在2011年基础上翻一番，直接参与林下经济发展的林农人均收入翻一番。

2月6日 省政府办公厅印发《关于推进农村土地整治建设美好乡村的实施意见》，要求按照美好乡村建设的总体要求，实施田、水、路、林、村、矿综合整治，到2020年完成3500个村庄、5000万亩土地整治任务。

2月18日 铜陵有色公司世界最大产能"双闪"铜冶炼厂建成投产。

2月21日 省委、省政府印发《关于大力发展民营经济的意见》，提出20条举措。2018年11月24日，省委、省政府印发《关于大力促进民营经济发展的若干意见》，提出30条具体意见。

3月1日 省政府印发《关于实行最严格水资源管理制度的意见》，要求确立水资源开发利用控制红线、用水效率控制红线和水功能区限制纳污红线。

同日 《安徽省流动人口居住登记办法》正式施行。省政府办公厅印发《关于推进实施流动人口居住证制度的意见》。

3月2日 经国务院批准，宁国经济开发区升级为国家级经济技术开发区，成为全省首家县域国家级开发区。

3月7日 省委办公厅、省政府办公厅印发《关于进一步提升农村基本公共服务水平的意见》，提出从 2013 年开始，每年在 1500 个左右中心村推进乡村基本公共服务体系建设，逐步解决困扰农民的上学就医就业等公共服务难题，实现城乡公共服务均等化。

3 月 18 日　淮北、蚌埠、淮南、芜湖、马鞍山、安庆六市以及合肥市瑶海区被纳入全国老工业基地调整改造规划（2013—2022 年）范围。

3 月　安徽省选择六安、合肥、淮北、马鞍山、宣城、黄山六市的 20 个美好乡村中心村启动农民文化乐园建设试点。到 2014 年年底，全省共建成 100 个省级农民文化乐园和一批市、县级农民文化乐园。

4 月 2 日　全省农业产业化现场会在蚌埠召开，强调要把发展农业产业化作为具有全局性、战略性、方向性的大事抓紧抓好。6 月 18 日，省政府印发《关于扶持农业产业化龙头企业发展的意见》。

4 月 4 日　省委办公厅、省政府办公厅印发《关于进一步加强农村社区建设的意见》，决定从 2013 年开始，每年选择 10 个县（市、区）、120 个乡（镇）、1500 个村开展农村社区建设试点。2015 年 12 月 12 日，省委办公厅、省政府办公厅印发《关于深入推进农村社区建设试点工作的实施意见》。

4 月 23 日　省委办公厅印发《关于进一步加强党管人才工作的实施意见》。

4 月　安徽省向非公企业派驻党建工作指导员工作启动。2013 年，全省统一选派 1 万名以上党建工作指导员驻非公企业，以加强非公企业党建工作，服务民营经济发展。

5 月 8 日　省政府办公厅印发《关于解决捕捞渔民生产生活困难的意见》。2014 年 4 月 28 日，省委办公厅、省政府办公厅印发《关于加快解决以船为家渔民生产生活困难问题的通知》。至 2015 年 12 月底，安徽在全国率先完成渔民上岸安居工程任务，1.94 万户 6.6 万名以船为家的渔民实现上岸安居乐业梦想。

5月10日　省委办公厅、省政府办公厅印发《关于加快文化贸易发展的意见》，提出到2020年，安徽省对外文化贸易进入全国前列，成为文化出口强省。

5月15日　省委议军会议召开，强调要进一步强化忧患意识、统筹意识、使命意识，把国防动员和后备力量建设放在国家安全发展面临的新形势中来谋划，融入实现"强国梦""强军梦"中来推进，置于主要战略方向重要任务中来把握，推动全省国防动员和后备力量建设实现新发展。

5月17日　安徽移动TD–LTE（4G）演示网开通暨网络规模建设启动仪式举行，标志着安徽迈进4G时代。

5月30日　省政府办公厅印发《安徽省"十二五"主要污染物总量减排考核办法》，明确主要污染物总量减排的责任主体是各级人民政府，对考核结果为未通过的，实行"一票否决"制。

6月27日　省委印发《关于深入开展党的群众路线教育实践活动的实施意见》。2013年7月至2014年10月，全省自上而下分两批开展以为民务实清廉为主要内容的党的群众路线教育实践活动，集中整治形式主义、官僚主义、享乐主义和奢靡之风"四风"问题。

6月28日　安徽省新农合大病保险试点启动会召开，首批在定远、颍上等11个县（市、区）进行试点。至2015年，全省实现新农合大病保险全覆盖。2013年，安徽还在合肥、芜湖、蚌埠、铜陵、六安5个市试点城镇居民医保大病保险，翌年在16个省辖市全面推开。

6月30日　省委印发《关于深入学习贯彻习近平总书记一系列重要讲话精神的通知》。

7月20日　省政府印发《关于切实做好新形势下招商引资工作

的意见》。

7月29日　池州九华山机场建成通航。

8月12日　省政府办公厅印发《安徽省基本公共服务体系三年行动计划（2013—2015年)》。

8月20日　省政府办公厅印发《安徽省节能环保产业发展规划》，提出到2020年，将节能环保产业培育成为全省新兴支柱产业，形成新的经济增长点。

8月28日　省政府部署以2015年6月30日为标准时点开展第一次地理国情普查。2017年10月30日，普查公报发布，全省总面积14.01万平方千米。

9月6日　省政府办公厅印发《关于促进进出口稳增长调结构的实施意见》。

9月13日　省政府办公厅印发《关于培育发展家庭农场的意见》。

9月24日　池州市荣获"国家森林城市"称号，这是安徽省首个获此殊荣的城市。至2021年，全省有池州、合肥、安庆等11个市跻身国家森林城市行列。

9月25日　世界首个同塔双回路特高压交流输电工程——"皖电东送"淮南至上海1000千伏特高压交流示范工程正式投入运行。

9月30日　省政府印发《关于推动项目提质提效的指导意见》。

10月10日　省政府印发《关于金融支持经济结构调整促进转型升级的指导意见》，提出促进信贷投放合理增长、推动民间资本进入金融业、支持产业转型升级等15条意见。

10月20日　省政府印发《关于深化改革推进小型水利工程改造提升的指导意见》，提出实施小型水利工程改造提升"5588"行动计划，即用五年时间，通过明确事权、多元投入、支持自主建设、创新管护机制、培育市场主体5项改革措施，在全省范围内以小水库、小泵站、小水闸等 8 类小型水利工程为重点推进改造提升，使其除涝灌溉能力得到有效发挥，全省农田有效灌溉面积提高到 80% 以上。

10 月 28 日 省政府印发《关于深化农村综合改革示范试点工作的指导意见》，决定在涡阳等 20 个县（区）开展农村综合改革示范试点。

10 月 国家发改委办公厅、财政部办公厅批复同意《安徽省战略性新兴产业区域集聚发展试点实施方案》，支持在皖实施打造机器人、新型显示两大产业集聚试点。

11 月 1 日 全省美好乡村建设推进会召开，部署以"三线三边"（铁路沿线、公路沿线、江河沿线及城市周边、省际周边、景区周边）为突破口，开展城乡环境综合治理行动。

11 月 2 日 中央第七巡视组巡视安徽省工作动员会召开。根据党中央统一部署，2013 年 10 月 31 日至 12 月 27 日，中央第七巡视组对安徽省进行了巡视。2014 年 2 月 24 日，巡视组向安徽省反馈巡视意见；6 月 9 日，省委公布巡视整改情况。

11 月 6 日 省政府印发《关于进一步加强和改进最低生活保障工作的实施意见》。2016 年 5 月 8 日，省政府公布《安徽省最低生活保障办法》，自 2016 年 7 月 1 日起施行。

11 月 8 日 淮河干流蚌埠至浮山段行洪区调整和建设工程开工动员会在蚌埠召开，标志着新一轮治淮工程向纵深推进、全面铺开。

11 月 15 日 省委印发《关于加强党员领导干部联系服务困难地区的意见》，决定建立省级领导干部和省直单位联系服务皖北地区亳州、宿州、阜阳和大别山区六安、安庆五市的工作制度。

11 月 25 日 《安徽省创新型省份建设方案》获科技部原则同意，安徽省成为全国第二个创新型省份建设试点省。2014 年 2 月 23 日，省委、省政府印发《关于实施创新驱动发展战略进一步加快创新型省份建设的意见》，省政府办公厅印发6项配套文件，简称创新型省份建设"1+6"政策。2015年修改完善为"1+8"政策，2017年进一步修改完善为"1+10"政策，形成覆盖创新驱动发展全链条的政策体系。

12月2日 省委九届九次全体（扩大）会议召开，深入学习贯彻党的十八届三中全会精神，研究部署全面深化改革各项工作。2014年1月26日，省委印发《关于贯彻落实党的十八届三中全会精神全面深化改革的意见》。

12月4日 省政府印发《安徽省主体功能区规划》。这是安徽省第一部国土空间开发规划。2018年5月17日，省委、省政府印发《关于完善主体功能区战略和制度的实施意见》。

同日 省政府印发《关于化解产能严重过剩矛盾的实施意见》。

12月5日 省委办公厅、省政府办公厅印发《关于认真学习贯彻〈党政机关厉行节约反对浪费条例〉的通知》。

12月6日 省委、省政府印发《关于分类推进事业单位改革的实施意见》，启动事业单位改革工作。

12月9日 省政府办公厅印发《关于进一步加强艾滋病防治工作的意见》。

12月23日 省政府办公厅印发《关于支持企业"走出去"开展跨国经营的指导意见》。

同日 中国（合肥）国际智能语音产业园暨安徽省信息产业投资控股有限公司揭牌，标志着安徽省千亿语音产业园区建设正式启航。

12月29日—30日 全省经济工作暨城镇化工作会议召开，强调：要坚持稳中求进、改革创新，着力提高经济发展质量效益；安徽正处在城镇化加速发展阶段，一定要坚持新型城镇化的正确方向，坚定不移走安徽特色的新型城镇化道路。

12 月 30 日 省政府办公厅印发《关于建设皖北"四化"协调发展先行区的意见》，加速推进皖北地区工业化、信息化、城镇化和农业现代化。2014 年 11 月 18 日和 2020 年 1 月 17 日，省委、省政府分别印发《关于促进皖北地区又好又快发展的若干意见》《关于进一步推动皖北地区高质量发展的若干意见》。

12 月 31 日 省委印发《关于贯彻落实中共中央〈建立健全惩治和预防腐败体系 2013—2017 年工作规划〉的实施意见》，对加强惩治和预防腐败体系建设作出明确要求和全面部署。

同日 国家发改委印发《千岛湖及新安江上游流域水资源与生态环境保护综合规划》，标志着新安江流域生态环境保护上升到国家战略层面。此前，2011 年 9 月底，财政部、环保部联合印发《关于开展新安江流域水环境补偿试点的实施方案》，设立新安江水环境补偿资金，启动生态补偿机制试点工作。2012 年 9 月，皖浙两省开始实施为期三年的首轮试点，这是国内首次探索跨省流域生态保护补偿机制。试点形成"新安江模式"。2020 年年底，第三轮试点结束，两省开始打造新安江—千岛湖生态补偿机制示范区。

二〇一四年

1月7日 长三角区域大气污染防治协作机制正式启动。2016年12月，长三角区域水污染防治协作机制启动，在运行机制上与大气污染防治协作机制相衔接，机构合署、议事合一。

1月22日 省十二届人大常委会第九次会议通过《关于修改〈安徽省人口与计划生育条例〉的决定》，明确实施单独两孩政策。2016年1月1日起，安徽省开始实施全面两孩政策。2021年5月31日，中央政治局会议审议《关于优化生育政策促进人口长期均衡发展的决定》，提出实施一对夫妻可以生育三个子女政策及配套支持措施，安徽从当日起执行支持三孩政策生育保险待遇。

2月12日 国家发改委正式批复《皖南国际文化旅游示范区建设发展规划纲要》，提出构建"一圈（古徽州文化旅游发展圈）两带（黄山、九华山、天柱山、太平湖、升金湖、花亭湖'三山三湖'山水观光旅游发展带和皖江城市文化旅游发展带）"文化旅游发展格局，把皖南国际文化旅游示范区打造成为美丽中国建设先行区、世界一流旅游目的地、中国优秀传统文化传承创新区。2016年7月21日，省政府办公厅印发《皖南国际文化旅游示范区建设"五个一"行动计划》。

2月14日 省委召开全面深化改革领导小组第一次全体会议。省委深改组下设经济体制和行政体制改革、民主法制领域改革、文化体制改革、社会治理体制改革、社会事业体制改革、生态文明体制改革、党的建设制度改革、纪律检查体制改革八个专项小组。2018年11月，根据省级机构改革方案要求，省委全面深化改革领导小组更名为省委全面深化改革委员会，作为省委议事协调机构，统一部署和组织全省全面深化改革工作。

2月26日 安徽合力叉车有限公司与日本UC株式会社签署合资协议，携手打造全球最大工业叉车制造基地。

2月28日 全省农村土地承包经营权确权登记颁证试点工作会议召开，确定选择在20个农村综合改革示范试点县（区）开展试点。翌年3月新增65个试点县（市、区），其余县（区）下半年陆续启动。2016年年底，全省试点任务基本完成。

3月1日 按照国务院统一部署，安徽省全面启动商事制度改革。3日，全省首张新版营业执照颁发。2015年2月6日，省政府办公厅印发《关于深入推进商事制度改革的意见》。2017年8月8日，省政府办公厅印发《关于进一步深化商事制度改革促进经济持续健康发展的实施意见》，持续深化商事制度改革。

3月4日 省委、省政府印发《关于全面深化农村改革加快推进农业现代化的实施意见》。

3月9日 习近平参加十二届全国人大二次会议安徽代表团审议，提出"三严三实"的要求，强调作风建设永远在路上，各级领导干部都要树立和发扬好的作风，既严以修身、严以用权、严以律己，又谋事要实、创业要实、做人要实。21日，省委印发《关于认真学习贯彻习近平总书记"三严三实"要求进一步加强作风建设的意见》。

3月13日 省委办公厅印发《关于培育和践行社会主义核心价值观的实施意见》。2017年5月11日，省委办公厅、省政府办公厅印发《关于进一步把社会主义核心价值观融入法治建设的实施意见》。

3月27日 全国首家省级好人馆——安徽好人馆开馆。截至

2021 年年底，全省 1610 人入选"中国好人"，居全国第一位。

3 月 28 日　省政府印发《关于进一步加强县城规划建设管理的实施意见》，要求按照城市的标准规划建设管理县城，以治脏、治乱、治违和增强功能、增加绿量、增进文明"三治三增"为突破口，推动规划水平、建设水平、管理水平"三提升"，努力将县城建设成为经济繁荣、环境优美、功能完善、特色彰显、社会和谐的美好城市。

3 月 31 日　省政府印发《关于建设"宽带安徽"的意见》，提出到 2020 年，宽带网络全面覆盖城乡，固定宽带家庭普及率达到 65%，3G/LTE 用户普及率达到 85%。

3 月　国务院批准设立合肥综合保税区。6 月，合肥综合保税区开建。2015 年 6 月 29 日，合肥综合保税区封关运行。这是安徽省首家综合保税区。至 2020 年 6 月，全省设有合肥、芜湖、马鞍山、合肥经开区、安庆 5 个国家级综合保税区。

4 月 8 日　省委办公厅、省政府办公厅印发《关于开展城乡环境综合治理的若干意见》，提出从 2014 年起，用三年左右时间对全省城乡环境进行综合治理。11 月 20 日，省政府办公厅印发《关于改善农村人居环境的实施意见》。

同日　省政府印发《关于促进信息消费扩大内需的意见》，提出实施八大工程，力争到 2020 年信息消费规模达到 5000 亿元。2018 年 2 月 12 日，省政府印发《关于进一步扩大和升级信息消费持续释放内需潜力的意见》。

4 月 11 日　省委印发《关于进一步提高省委常委会科学民主依法决策水平的意见》，在重大事项决策范围和基本原则、完善科学民主依法决策机制、健全决策落实机制等方面作出规定。

4 月 28 日　省委办公厅、省政府办公厅印发《关于创新机制扎实推进农村扶贫开发工作的实施意见》，提出建立精准扶贫工作机制和"单位包村、干部包户"制度等。

5月17日 合肥先导试验网在中国科学技术大学先进技术研究院开通，这是国内首个具有自主产权的未来网络试验设备。

5月21日 省十二届人大常委会第十一次会议通过《关于进一步加强大气污染防治的决定》。

5月25日 省政府办公厅印发《关于进一步做好计划生育特殊困难家庭扶助工作的意见》。

5月27日—29日 联合国教科文组织名录遗产与可持续发展黄山对话会在黄山市举行，通过联合国教科文组织名录遗产暨可持续发展与空间技术应用《黄山宣言》。2016年9月、2018年11月，第二届、第三届联合国教科文组织名录遗产与可持续发展黄山对话会先后举行，分别发布《黄山倡议》《黄山共识》。

6月13日 省政府办公厅印发《安徽省技能人才振兴计划实施方案（2014—2017年）》。2019年8月19日，省政府办公厅印发《安徽省职业技能提升行动实施方案（2019—2021年）》。

6月17日 省政府办公厅印发《关于加快集成电路产业发展的意见》，提出到2020年，集成电路产业总产值超过600亿元，显示面板、家电、汽车电子等芯片本土化率达20%，建成以合肥为中心、辐射皖江城市带、具有区域影响力的特色集成电路产业集聚区，力争进入国家产业发展布局。

6月18日 省政府印发《关于金融服务"三农"和实体经济发展的意见》。

6月21日 省政府印发《关于加快发展农作物秸秆发电的意见》。2017年3月1日，省政府印发《关于大力发展以农作物秸秆资源利用为基础的现代环保产业的实施意见》。2018年8月，安徽启动实施农作物秸秆综合利用、畜禽养殖废弃物资源化利用三年行动计划。至

2020年，"两利用"三年行动计划全面完成，全省秸秆综合利用率超过90%，畜禽废弃物利用率超过80%。

6月22日 中国大运河被联合国教科文组织列入世界文化遗产名录。安徽省两个申遗点随大运河项目申遗成功，分别是淮北柳孜运河遗址、通济渠泗县段。

6月24日 省政府印发《关于进一步促进红十字事业发展的实施意见》。

6月26日 合肥至哈萨克斯坦阿拉木图货运班列首发，标志着合肥中亚班列正式开通。2015年6月26日，合肥至德国汉堡铁路货运专列开行，这是合肥发出的首趟中欧班列。

7月10日 省政府办公厅印发《关于建立省级涉企收费清单制度的通知》，决定建立省级涉企收费清单制度。11月27日，省政府确定省级涉企收费清单项目为170项。自2015年1月1日起，安徽省同步建立并运行省、市、县三级涉企收费清单制度，同时建立涉企收费清单动态调整机制。至2020年9月，全省省级涉企收费清单项目总数下降至90项，降幅为47.1%。

7月17日 省政府印发《关于深入推进高成长性产业加快发展的意见》，提出力争到2017年，全省10个高成长性产业实现销售收入9000亿元左右，占全省规模以上工业销售收入的15%左右。

7月23日 省委印发《关于落实党风廉政建设党委主体责任和纪委监督责任的意见》。2015年，省委、省委办公厅印发安徽省《落实党风廉政建设党委主体责任和纪委监督责任考核办法（试行）》《落实党风廉政建设主体责任述廉述责和接受评议办法（试行）》《落实党风廉政建设主体责任约谈办法（试行）》《党风廉政建设主体责任和监督责任追究办法（试行）》。"一个意见、四个办法"构成落实党风廉政建设责任制的制度体系。

7月25日 中国科学技术大学自主研发的智能服务机器人"可佳",在第十八届机器人世界杯比赛中首次夺得服务机器人世界冠军,标志着我国服务机器人研发取得历史性突破。

同日 省政府办公厅印发《关于支持外贸稳增长调结构的实施意见》。2015年9月18日,省政府印发《关于促进外贸稳增长调结构加快培育竞争新优势的实施意见》。2016年8月30日,省政府办公厅印发《关于促进外贸回稳向好的实施意见》。

7月28日 省政府印发《关于加快发展养老服务业的实施意见》,提出到2020年,全面建成功能完善、规模适度、覆盖城乡、具有安徽特色的养老服务体系,养老服务业增加值在服务业中的比重显著提升。30日,安庆、马鞍山两市被确定为全国养老服务业综合改革首批试点单位。

8月1日 省委办公厅、省政府办公厅印发《关于促进残疾人家庭增收加快实现小康步伐的意见》。2016年12月26日,省政府印发《安徽省"十三五"加快残疾人小康进程规划纲要》。

8月3日 省政府办公厅印发《安徽省质量工作考核办法》。考核工作自2015年7月开始实施。

8月15日 安徽省儿童医疗联合体组建,这是全省首家医联体。

8月24日 国务院公布第一批国家级抗战纪念设施、遗址名录,安徽大通万人坑教育馆和新四军军部旧址纪念馆入选。至2020年9月,全省又有2批8处纪念设施、遗址入选国家级抗战纪念设施和遗址名录,总数达到10处。

8月27日 位于霍山县境内的白莲崖水库工程通过竣工验收,标志着全省治理淮河14项骨干工程全面完成。

8月28日 中国奇瑞巴西工厂落成暨新车下线庆典仪式在巴西圣保罗州雅卡雷伊市举行。奇瑞是第一家在巴西投资建厂的中国乘用车企业，巴西工厂是奇瑞公司在海外投资兴建的首个整车工厂。

8月 省委办公厅、省政府办公厅印发《关于做好选派第六批优秀年轻党员干部到村任职工作的通知》。从这一批开始，选派工作向建档立卡贫困村倾斜。至2020年4月底，全省累计选派11327支驻村工作队、27595名驻村干部到村任职，实现对贫困村驻村帮扶全覆盖。

9月2日 江淮汽车股份有限公司发布公告，将向美国GTA公司出售"爱意为"纯电动轿车。这是我国新能源汽车首次出口到欧美发达国家。

9月4日 省委办公厅、省政府办公厅印发《关于发展壮大村级集体经济的意见》。

9月13日 黄梅戏《小乔初嫁》等8部作品获中宣部第十三届精神文明建设"五个一工程"奖。这是自1991年中宣部实施"五个一工程"以来，安徽省获奖作品最多的一届。

9月19日—12月19日 首届安徽文化惠民消费季活动举行，全省有2304万人次参与文化消费，消费总额达90.43亿元。安徽文化惠民消费季活动每年举办。

9月30日 省委、省政府在合肥蜀山烈士陵园举行向烈士纪念碑敬献花篮仪式，深切缅怀江淮英烈的不朽功勋。此前，8月31日，十二届全国人大常委会第十次会议决定将9月30日设立为烈士纪念日，并规定每年9月30日国家举行纪念烈士活动。

10月11日 安徽省入选国家首批光伏扶贫试点省，金寨、岳西、阜南、利辛、泗县入选国家首批光伏扶贫试点县。2015年6月17日，省政府办公厅印发《关于实施光伏扶贫的指导意见》。截至2020年年底，全省累计建成并网光伏扶贫电站7.12万座，装机规模达242.3万千瓦，每年可为贫困地区实现光伏发电收入24亿元左右。

10 月 16 日　省委办公厅印发《关于加强基层服务型党组织建设的实施意见》，提出建设"六有"（有坚强有力的领导班子、有本领过硬的骨干队伍、有功能实用的服务场所、有形式多样的服务载体、有健全完善的制度机制、有群众满意的服务业绩）基层党组织的目标任务。

10 月 20 日　全省农村金融综合改革试点现场会在金寨县召开，总结金寨县和凤台县试点经验，推动在 20 个农村综合改革试点县（区）启动农村金融综合改革工作。2015 年 2 月 10 日，省政府印发《关于全面深化农村金融综合改革的意见》。

10 月 22 日　全省文艺工作座谈会召开，传达学习习近平总书记在文艺工作座谈会上的重要讲话精神，强调要强化使命担当，推动安徽文艺大发展大繁荣。2016 年 4 月 22 日，省委印发《关于繁荣发展社会主义文艺的实施意见》，提出要坚持以人民为中心的创作导向，让中国精神成为社会主义文艺的灵魂。

10 月 23 日　"黄山地区生物多样性保护与可持续利用"项目实施启动大会在屯溪区举行。这是我国以风景名胜区为实施主体的首例国际生物多样性保护合作项目。

10 月 28 日　李克强给金寨县希望小学师生回信，肯定希望工程是建设社会最富感召力的道德力量，指出消除贫困或难短时兑现，可创造公平必须刻不容缓，勉励大家共同持续不断努力，为天下所有贫困孩子的幸福人生创造美好的希望。

10 月 31 日　省政府公布省级政府权力清单和责任清单。2015 年 2 月底，市县政府权责清单全面公布；6 月底，全省乡镇政府和街道办事处权责清单全面公布，安徽在全国率先实现省、市、县、乡四级政府权责清单全覆盖。

11 月 2 日　2014 年量子通信、测量和计算国际学术大会在合肥开幕，来自 28 个国家和地区的 400 余位国际顶尖量子科技专家参会。这是中国首次举办该学术大会。

11 月 12 日 合肥高铁南站投入运营。2018 年 4 月 10 日，合肥首开至北京"复兴号"列车。

11 月 14 日 省政府印发《关于加快发展现代职业教育的实施意见》。

同日 在第六届世界公园大会上，世界自然保护联盟公布首批全球最佳管理保护地绿色名录，中国世界自然与文化遗产黄山上榜。

11 月 16 日 首届合肥国际马拉松赛成功举行，来自 21 个国家和地区的约 1 万名选手报名参赛。至 2021 年 11 月，共举办 8 届。

11 月 22 日—23 日 长江沿岸中心城市经济协调会第十六届市长联席会议在合肥召开，共同签署《长江流域环境联防联治合作协议》。

11 月 24 日—25 日 省委九届十次全体（扩大）会议召开，审议通过《中共安徽省委关于贯彻落实党的十八届四中全会精神全面推进依法治省的意见》。

11 月 28 日 省政府印发《关于进一步完善城乡居民基本养老保险制度的实施意见》。2015 年 12 月 9 日，省政府印发《关于机关事业单位工作人员养老保险制度改革的实施意见》。2019 年 12 月 7 日，省政府印发《关于进一步规范企业职工基本养老保险省级统筹制度的实施意见》。截至 2020 年 10 月，全省养老保险参保人数为 4765.8 万人，参保率达 94%。

11 月 合肥市、六安市和岳西县启动实施大别山区水环境生态补偿机制。这是安徽省建立的首个省级层面的生态补偿制度。

12 月 4 日 省委召开首个国家宪法日座谈会。同日，省人大常委会举行宪法集中宣誓仪式，组织省高级人民法院和省人民检察院领导班子成员及 2014 年以来任命的法官、检察官向宪法宣誓。这是安徽省首次举行宪法集中宣誓活动。2015 年 12 月 18 日，省十二届人大常委会第二十五次会议通过《安徽省实施宪法宣誓制度办法》。

同日 省政府印发《关于贯彻落实〈社会救助暂行办法〉的实施意见》，加快推进社会救助体系建设。2015 年 2 月 10 日，省政府印发《关于全面建立临时救助制度的通知》，在全省全面建立临时救助制度。2020 年 10 月 28 日，省委办公厅、省政府办公厅印发《关于改革完善社会救助制度的实施意见》。

12 月 9 日 省政府印发《关于促进旅游业改革发展的实施意见》，提出到 2020 年全省旅游总消费达 8000 亿元，旅游业增加值占全省生产总值的比重力争达到 7%，基本建成旅游强省。

12 月 16 日 省委举行法律顾问聘任仪式，聘任 5 名法律顾问，标志着省委法律顾问制度正式建立。2017 年 4 月 8 日，省委办公厅、省政府办公厅印发《关于推行法律顾问制度和公职律师公司律师制度的实施意见》，部署在全省各级党政机关、国有企事业单位分类推行法律顾问制度和公职律师、公司律师制度。

12 月 22 日 全省 83 家法人农村合作金融机构股份制改革全面完成，安徽成为全国首个全部完成农村商业银行改制的省份。

12 月 23 日—24 日 全省经济工作会议召开，强调要主动适应经济发展新常态，把转方式调结构放到更加重要位置，持续推动改革攻坚，深入推进自主创新，大力发展民营经济，积极防范化解风险，切实加强民生保障，促进经济持续健康发展和社会和谐稳定。

12 月 24 日 省政府办公厅印发《关于大力倡导低碳绿色出行的指导意见》。

12 月 26 日 省政府办公厅印发《关于加快推进新型职业农民培育工作的意见》，提出力争到 2020 年培育新型职业农民 20 万人。

12 月 29 日 安徽省被列为国家新型城镇化综合试点省，率先探索城镇化关键制度改革。2015年2月8日，省政府印发《国家新型城镇化试点省安徽总体方案》。2016年9月6日，省政府印发《关于深入推进新型城镇化试点省建设的实施意见》。至2017年年底，试点任务基本完成。2018年4月28日，安徽省8条试点经验被国家发改委发文推广。

二〇一五年

1月1日 全省 16 个地级市开展环境空气质量新标准监测,并向社会发布包括细颗粒物(PM$_{2.5}$)在内的 6 项指标的实时监测数据和空气质量指数。这标志着全省重污染天气监测预警网络初步建成。

1月15日 安徽省被列为全国首批综合医改试点省。2月6日,省政府印发《安徽省深化医药卫生体制综合改革试点方案》,提出到 2017 年基本完成改革试点任务,到 2020 年基本建成全覆盖、保基本、多层次、可持续的基本医疗卫生制度。

1月16日 省政府办公厅印发《关于进一步动员社会各方面力量参与扶贫开发的实施意见》,提出创新完善社会扶贫参与机制,构建政府、市场、社会协同推进的大扶贫格局。

1月19日—20日 全省农村工作会议召开,强调要加快转变农业发展方式,深入推进农村改革发展。3月18日,省委、省政府印发《关于加大改革创新力度加快农业现代化建设的实施意见》。

1月31日 省十二届人大四次会议通过《安徽省大气污染防治条例》,自 3 月 1 日起施行。2018 年 9 月 29 日,省十三届人大常委会第五次会议通过修订后的《安徽省大气污染防治条例》。

2月17日 省政府办公厅印发《关于开展食品药品安全城市创建工作的通知》,部署自 2015 年起,在全省范围内开展食品药品安全城市创建活动。

2月28日 省委常委会召开会议,专门听取省人大常委会、省政府、省政协、省法院、省检察院党组工作汇报。此后，这成为省委贯彻落实中央决策部署、加强对全省工作集中统一领导的一项制度性安排。

3月4日 中宣部向全社会公布第一批全国学雷锋活动示范点和全国岗位学雷锋标兵，安徽省1个集体被授予全国学雷锋示范点，2人被授予全国岗位学雷锋标兵。至2021年2月，全省共6批11个集体被授予全国学雷锋活动示范点，12名个人被授予全国岗位学雷锋标兵。

3月20日 省政府办公厅印发《关于促进内贸流通健康发展的实施意见》。

3月23日 省政府办公厅印发《安徽省贯彻落实国家贫困地区儿童发展规划（2014—2020年）工作方案》，要求保障母婴安全、儿童健康和儿童教育，确保到2020年大别山集中连片特殊困难地区12个县的儿童发展整体水平基本达到或接近全国平均水平。

3月24日 省政府办公厅印发《关于扶持小型微型企业健康发展的实施意见》。7月22日，安徽省首个小微企业助贷基金上市，首期规模达10亿元。

3月27日 省政府办公厅印发《关于加快新能源汽车产业发展和推广应用的实施意见》。2017年8月15日，省政府印发《支持新能源汽车产业创新发展和推广应用若干政策》。截至2020年年底，安徽省新能源汽车累计产量达49.5万辆，居中部地区第一、全国前列。

3月31日 省政府办公厅印发《关于进一步加强乡村医生队伍建设的实施意见》，提出力争通过十年的努力，到2025年基本建成一支素质较高、适应农村基层需要的乡村医生队伍。

4月4日 "淮南平圩电厂三期1000千伏送出工程"顺利通过试运行。该工程系世界上第一个电厂直接以1000千伏电压等级接入电网的项目，也是世界上首个"三个一百（百万机组通过百万变压器送到百万特高压电网）工程"。

4月9日 省政府印发《关于促进慈善事业健康发展的实施意见》，提出要鼓励和支持以扶贫济困为重点开展慈善活动。

4月13日 省政府印发《关于贯彻国家依托黄金水道推动长江经济带发展战略的实施意见》，提出着力打造畅通高效的黄金水道、培育具有核心竞争力的产业集群等七个方面29项重点任务，努力把安徽建设成为长三角世界级城市群的新兴增长极、全国重要的自主创新示范区和先进制造业基地、内陆对外开放的新高地、长江流域生态文明建设先行区。

4月22日 省政府印发《安徽省推广中国（上海）自由贸易试验区可复制改革试点经验工作方案》，部署全面复制推广上海自贸区35项改革事项，其中在全省范围推广29项，在海关特殊监管区域推广6项。

4月25日 省政府印发《关于加快建设战略性新兴产业集聚发展基地的意见》。9月13日，省政府确定首批14家基地。2016年8月18日，确定第二批8家基地、2家实验基地。2020年5月，新增2家省重大新兴产业基地。至此，全省重大新兴产业基地达26家。

4月28日 省委办公厅印发《关于在全省县处级以上领导干部中开展"三严三实"专题教育实施方案》。从4月底开始，在全省县处级以上领导干部中不分批次、不划阶段、不设环节开展"三严三实"专题教育，着力解决"不严不实"问题。12月28日，省委常委会召开"三严三实"专题民主生活会，对以"三严三实"为行为准则、全面加强常委会自身建设提出要求。

5月1日 《安徽省非煤矿山管理条例》开始施行，这是全国首部规范非煤矿山管理的地方性法规。

5月8日　省政府印发《关于进一步推进户籍制度改革的意见》，进一步调整户口迁移政策，提出到2020年实现常住人口城镇化率达到58%的目标。

同日　合肥等14个市被列入第三批公立医院改革国家联系试点城市名单，加上2010年2月列入首批试点的芜湖市和马鞍山市，全省16个市全部被纳入试点城市，在全国率先实现公立医院改革国家联系试点城市全覆盖。

5月9日　省委办公厅、省政府办公厅印发《关于引导农村土地经营权有序流转发展农业适度规模经营的实施意见》。

5月14日　安徽省首个众创空间——银湖创客岛在国家科技企业孵化器芜湖高新技术创业服务中心启幕。7月19日，省政府办公厅印发《关于发展众创空间推进大众创新创业的实施意见》。2016年6月13日，省政府办公厅印发《关于加快众创空间发展服务实体经济转型升级的实施意见》。

5月15日　省委印发《关于加强社会主义协商民主建设的实施意见》，提出要重点加强政党协商、政府协商、政协协商，积极开展人大协商、人民团体协商、基层协商，逐步探索社会组织协商。

5月21日　省十二届人大常委会第十九次会议决定：宿州、蚌埠、阜阳、宣城、池州、安庆6个设区的市开始行使地方立法权。至2016年2月，全省16个设区的市全部行使地方立法权。

同日　安徽省十二届人大常委会第十九次会议通过关于加强禁毒工作的决定。6月24日，省委、省政府印发《关于加强禁毒工作的实施意见》。

5月25日　省政府印发《关于进一步做好为农民工服务工作的实施意见》。10月10日，省政府办公厅印发《关于支持农民工等人员返乡创业的实施意见》。

6月1日 国务院批复同意《大别山革命老区振兴发展规划》。六安市、安庆市全境被纳入规划范围。12月2日，省政府办公厅印发《安徽省贯彻落实大别山革命老区振兴发展规划实施方案》。

6月25日 省政府印发《关于加快发展体育产业促进体育消费的实施意见》，提出到2025年，全省体育产业总规模达到2000亿元，体育公共服务基本实现全覆盖。

6月28日 合（肥）福（州）高铁开通运营。

7月3日 省政府印发《关于落实粮食安全省长责任制的实施意见》，明确省长对全省粮食安全负总责，省政府承担保障粮食安全的主体责任。

7月8日 安徽省农村土地承包经营权确权登记首批颁证启动仪式在凤阳县小岗村举行，18位村民代表领取了农村土地承包经营权证。

7月10日 全省司法体制改革试点工作动员部署会议召开。改革的内容是完善司法人员分类管理制度、健全司法人员职业保障制度、完善司法责任制、建立省以下法院检察院人财物省级统一管理体制。2016年10月，司法体制改革在全省全面推开。安徽省是全国第二批司法体制改革试点省之一。

7月11日 省政府印发《安徽省政府权力运行监督管理办法》，对政府权力运行监督管理的对象、内容、任务、措施和责任追究等作出规定。

7月29日 全省首本《中华人民共和国不动产权证》在滁州颁发，标志着不动产统一登记制度在安徽正式落地。

8月10日 省政府印发《关于进一步加强新时期爱国卫生工作的实施意见》。

同日 省政府办公厅印发《关于培育现代农业产业化联合体

的指导意见》，全面启动农业产业化联合体培育工作，提出力争到"十三五"末，全省各类联合体达到3000个。

8月11日—12日 全省争创全国文明城市工作结对共建暨座谈培训会在铜陵召开。省文明委发布《安徽省文明城市创建行动纲领》，为全国首次绘制创建蓝本。

8月13日 省政府印发《关于做好第三次全国农业普查的通知》。2018年1月26日，普查主要数据公布。至2016年年末，全省100%的村通电，99.1%的乡镇有图书馆、文化站，99%的乡镇有幼儿园、托儿所，99.6%的乡镇有小学，99.9%的乡镇有医疗卫生机构，94.8%的村有卫生室。

8月14日 科技部发布第一批国家现代农业科技示范区名单，安徽皖江现代农业科技示范区入选其中，成为首批八个国家现代农业科技示范区之一。

8月25日 省委办公厅印发《关于加强省纪委派驻机构建设的意见》。10月19日，首批派驻省委办公厅等7家单位的纪检组组建完成，随即进驻开展工作。至2016年7月，共设立36家派驻纪检组，实现对省一级党政机关派驻监督全覆盖。

8月28日 安徽省被列为全国首批系统推进全面创新改革试验区。2016年6月24日，国务院批复原则同意《安徽省系统推进全面创新改革试验方案》。至2020年1月底，全省有编制周转池制度等13项改革经验在全国推广。

8月31日 省政府印发《关于进一步做好新形势下就业创业工作的实施意见》。"十三五"期间，安徽城镇新增就业339万人。

9月2日 省政府印发《关于促进云计算创新发展培育信息产业新业态的实施意见》，提出到2020年通过云计算带动相关产业规模达到5000亿元。

9月15日 省政府部署自9月起至2017年年底，在全省开展安全生产"铸安"行动，覆盖所有地区、所有行业领域、所有生产经营单位。

9月17日 省委、省政府印发《加快调结构转方式促升级行动计划》，提出围绕产业结构优化、质量效益提升、经济总量扩大、人均指标前移四大目标，实施包括战略性新兴产业集聚工程、传统产业改造提升工程、服务业加快发展工程等在内的十大重点工程，强化项目带动、改革创新、开放合作、环境营造和政策支持五大保障措施，简称"4105行动计划"。18日至19日，省委、省政府召开全省加快调结构转方式促升级动员大会，启动实施"4105行动计划"。

9月22日 省委、省政府向国务院呈报建设合肥存储芯片研发和制造项目并申请将其纳入国家集成电路产业整体发展规划，29日获批。2016年5月，长鑫存储技术有限公司在合肥成立。2019年9月20日，长鑫存储内存芯片自主制造项目宣布投产，标志着我国在内存芯片领域实现量产技术突破，拥有了这一关键战略性元器件的自主产能。

同日 省政府召开电视电话会议，贯彻落实全国全面推进"三证合一、一照一码"登记制度改革工作电视电话会议精神，部署全省"三证合一、一照一码"登记制度改革工作。2016年9月1日，安徽启动"五证合一、一照一码"改革。2017年9月1日，全面实施"多证合一、一照一码"改革，有效降低了创设企业的制度性交易成本。

9月30日 省委成立全面推进依法治省领导小组。2018年12月3日，省委成立全面依法治省委员会。

10月9日 省委、省政府印发《关于进一步加强社会信用体系建设的意见》。2017年2月7日，省政府印发《关于建立完善守信联合激励和失信联合惩戒制度加快推进社会诚信建设的实施意见》。

10月10日 省委印发《关于进一步加强农村基层党组织建设的意见》。2018年5月11日，省委印发《关于加强城市基层党建工作的意见》。

10月18日—19日 全国干部驻村帮扶工作现场会在潜山县召开，安徽省在会上作经验交流。

10月19日 省政府办公厅转发省住建厅《关于推进城乡建设绿色发展的意见》，确定实施绿色规划引领、绿色城市建设、绿色村镇建设、绿色建筑推广、城市智慧管理、绿色生活倡导六大行动。

10月24日 省政府办公厅印发《关于大力发展电子商务加快培育经济新动力的实施意见》，提出到2020年，基本建成统一开放、竞争有序、诚信守法、安全可靠的电子商务大市场。

10月30日 李克强在安徽考察经济社会发展情况，强调用创新、协调、绿色、开放、共享的发展理念引领发展行动，不断推进改革开放，持续增进人民福祉。

10月 寿县芍陂（安丰塘）被国际灌排委员会列入"世界灌溉工程遗产"名录，成为安徽省首个世界灌溉工程遗产。

11月18日 省政府印发《中国制造2025安徽篇》，提出经过十年努力，力争实现制造业又大又强的战略目标，到2025年迈入制造业强省行列。

11月19日 省十二届人大常委会第二十四次会议通过《安徽省湿地保护条例》《安徽省保护和促进台湾同胞投资条例》，自2016年1月1日起施行。

11月25日 省委常委会会议讨论通过《关于进一步完善社会治安防控体系深化平安安徽建设的意见》《党委（党组）意识形态工作责任制实施细则》。

11月29日 省委办公厅、省政府办公厅印发《关于开展农村集体资产股份合作制改革试点工作的指导意见》。

12月1日 省政府办公厅印发《关于深化高等学校创新创业教育改革的实施意见》，全面启动高校创新创业教育改革。

12月2日 省政府办公厅转发省民政厅等五部门《关于进一步完善医疗救助制度全面开展重特大疾病医疗救助工作的实施意见》，要求2015年年底前整合城乡医疗救助制度，全面开展重特大疾病医疗救助工作，进一步细化实化政策措施，保障城乡居民基本医疗权益。

12月3日 长三角地区三省一市主要领导座谈会在合肥召开，共同谋划"十三五"推进长三角地区协同发展工作。

12月6日 宁（南京）安（安庆）高铁正式开通运营。

12月8日 省委、省政府印发《关于坚决打赢脱贫攻坚战的决定》，提出通过"三年集中攻坚、两年巩固提升"，到2018年，全省总体上达到脱贫标准；到2020年，现行标准下农村贫困人口全部脱贫，稳定实现不愁吃、不愁穿，义务教育、基本医疗和住房安全有保障，实现贫困地区农民人均可支配收入增长幅度高于全省平均水平，基本公共服务主要领域指标接近全省平均水平；贫困村年集体经济收入力争超过5万元；贫困县全部摘帽，解决区域性整体贫困。

12月10日—11日 省委九届十四次全会召开，审议通过《中共安徽省委关于制定国民经济和社会发展第十三个五年规划的建议》，号召牢固树立五大发展理念，深入打造创新型三个强省，奋力夺取全面建成小康社会伟大胜利。

12月12日 安徽省首个金融资产交易所——安徽省金融资产交易所在合肥开业。

12月24日 省政府印发《安徽省加快推进"互联网+"行动实施方案》，提出"互联网+"创业创新、制造、人工智能、现代农业、智慧能源、公共服务等 13 个具体行动。

12 月 25 日　合安高铁开工建设，2020 年 12 月 22 日正式开通运营。这是安徽省首个控股建设的高铁项目。

同日　"情暖大别山"农业电商扶贫对接活动在岳西县举行，6 家电商平台与岳西县及安庆市各县（市、区）150 多家新型农业经营主体代表进行对接。这是安徽省首次举办农业电商扶贫对接活动。

12 月 30 日　全省经济工作暨城市工作会议召开。会议强调，要积极引领新常态，全力推动新发展，围绕去产能、去库存、去杠杆、降成本、补短板（"三去一降一补"）五大任务，做好相关工作。会议指出，要把城市发展摆上全局位置，端正城市发展指导思想，坚持以人为本、科学发展、改革创新、依法治市，努力走出一条符合中央要求、具有安徽特色的城市发展道路。

12 月 31 日　省政府印发《关于实施农村道路畅通工程的意见》，决定从 2016 年起，用三年时间，在全省实施农村道路畅通工程。

本年　安徽 15 个县首批启动县域医疗服务共同体试点，由县级医院牵头，联合乡、村医院，组建医共体，向县域内居民提供医疗卫生服务，实行分级诊疗。至 2018 年，实现全省 75 个县（市）和农业区县域医共体全覆盖。

二〇一六年

1月10日　安徽省美好乡村建设推进会召开，全面总结近年来美好乡村建设的成绩和经验，研究部署2016年及"十三五"时期美丽乡村建设工作。

1月12日　国务院批复同意设立中国（合肥）跨境电子商务综合试验区。至2020年4月，全省设有合肥、芜湖、安庆三个跨境电子商务综合试验区。

1月15日　省委办公厅、省政府办公厅印发《关于加快构建现代公共文化服务体系的实施意见》，提出到2020年基本建成覆盖城乡、便捷高效、保基本、促公平、具有安徽特色的现代公共文化服务体系。

1月22日　安徽省建成"全光网省"发布会宣布，截至2015年12月底，安徽"全光网省"全面建成，实现所有城区、集镇光纤全覆盖，在中部省份中率先实现"全光网省"，迈入全球领先的光网通信新时代。

1月25日　省政府办公厅印发《关于易地扶贫搬迁工程的实施意见》。至2019年年底，安徽全面完成"十三五"易地扶贫搬迁规划任务，8.5万建档立卡贫困人口全部搬迁入住。2020年，搬迁贫困群众实现全部脱贫。

同日　省政府办公厅印发《关于生态保护脱贫工程的实施意见》，提出通过实施生态补偿、增加转移支付等方式，不断改善区域生态环境质量，促进贫困群众增收脱贫。

同日 省政府办公厅印发《关于水利建设扶贫工程的实施意见》。至 2020 年，全省累计安排 31 个贫困县及六安市叶集区水利项目投资318.8 亿元（其中 23 个贫困革命老区县为 256.1 亿元），贫困地区水利基础设施公共服务水平明显提高，全省建档立卡贫困人口饮水安全问题得到全面解决。

同日 省政府办公厅印发《关于加快推进贫困户危房改造的实施意见》。2016 年至 2020 年，全省累计完成农村危房改造 47 万户，其中建档立卡贫困户 33.9 万户。

同日 省政府办公厅印发《关于贫困地区农村电网改造升级工程的实施意见》，提出对贫困地区 110 千伏及以下电网，重点为农村中低压配电网进行改造升级，解决贫困地区农村电网"卡脖子""低电压"等问题。

2 月 1 日 省政府印发《关于推进商贸流通创新发展转型升级的实施意见》，提出到 2020 年基本形成统一开放、竞争有序、畅通高效、城乡一体、便民惠民的商贸流通体系。

同日 省政府办公厅印发《关于财政支持脱贫攻坚的实施意见》《关于推进金融扶贫工程的实施意见》。3 月 3 日，省政府办公厅印发《关于特色种养业扶贫工程的实施意见》《关于乡村旅游扶贫工程的实施意见》《关于就业脱贫工程的实施意见》《关于教育扶贫的实施意见》《关于社保兜底脱贫工程的实施意见》五个脱贫攻坚配套文件。

同日 省政府办公厅印发《关于全面推进大众创业万众创新的实施意见》。2017 年 12 月 4 日，省政府印发《关于进一步推进大众创业万众创新深入发展的实施意见》，持续深入推进"双创"活动。截至 2020 年年底，全省有 7 家国家级双创示范基地。

2 月 4 日 省政府办公厅印发《关于促进快递业发展的实施意

见》，提出到 2020 年，基本建成普惠城乡、技术先进、服务优质、安全高效、绿色节能的快递服务体系，实现乡乡有网点、村村通快递。

2月5日　省委、省政府印发《关于构建和谐劳动关系的实施意见》。

3月1日　省委、省政府印发《安徽省生态文明体制改革实施方案》，提出建立健全自然资源资产产权制度、国土空间开发保护制度等 8 项制度，到 2020 年构建起产权清晰、多元参与、激励约束并重、系统完整的安徽特色生态文明制度体系。

3月4日　省委办公厅、省政府办公厅印发《关于完善法律援助制度的实施意见》，提出到 2020 年全省形成较为完备的法律援助服务体系。

3月12日　省委印发《中共安徽省委党内法规制定办法》。2017年 5 月 25 日，省委印发《关于加强党内法规制度建设的实施意见》。

3月22日　省政府办公厅印发《关于积极发挥新消费引领作用加快形成新供给新动力的实施意见》，提出要大力发展服务消费，扩大信息消费，加快发展电子商务，促进旅游休闲消费，培育壮大绿色消费，提升品质时尚消费，积极拓展农村消费。

3月25日　省委办公厅、省政府办公厅印发《2016 年全省脱贫攻坚工作要点》，明确全年将完成 1057 个贫困村出列、96 万贫困人口脱贫的任务。

3月28日　省委、省政府印发《安徽省国有林场改革实施方案》，全面启动全省国有林场改革工作。

3月29日　省委、省政府召开贯彻落实习近平总书记重要讲话推进非公有制经济健康发展大会。同日，省委印发《关于认真学习贯彻习近平总书记在全国政协十二届四次会议民建、工商联界委员联组会上重要讲话的通知》。

3月30日 合肥至美国洛杉矶的国际货运航班实现首航，标志着安徽省首条国际货运航线正式开通。

同日 安徽省民营企业"千企帮千村"精准扶贫行动动员会召开，提出通过开展产业扶贫、就业扶贫、公益扶贫等途径，力争用三至五年时间，动员全省民营企业参与、帮扶1000个左右贫困村加快脱贫进程。

3月31日 全省旅游扶贫工作会议在岳西县召开，要求各级旅游发展资金重点向乡村旅游和旅游扶贫倾斜。会议发布全省302个乡村旅游扶贫重点村名单。

4月6日 江淮汽车与蔚来汽车签署战略合作框架协议，双方全面推进新能源汽车、智能网联汽车产业链合作，整体合作规模约100亿元。2020年4月29日，蔚来中国总部项目入驻合肥正式签约。2021年4月7日，蔚来汽车第十万台量产车下线。

4月10日 合肥都市圈城市党政领导第七次会商会召开。这是合肥经济圈升级为合肥都市圈后召开的首次会商会，标志着合肥都市圈建设正式起航。至2019年年底，合肥都市圈成员包括合肥、淮南、六安、桐城、滁州、芜湖、马鞍山、蚌埠八市。

同日 省政府办公厅印发《关于推进农村一二三产业融合发展的实施意见》，提出到2020年，基本形成产业链条完整、功能多样、业态丰富、利益联结紧密、产城融合更加协调的新格局。

4月14日 省委办公厅印发《关于在全省党员中开展"学党章党规、学系列讲话，做合格党员"学习教育实施方案》，部署在全省开展"两学一做"学习教育，推动党内教育从"关键少数"向广大党员拓展、从集中性教育向经常性教育延伸。

4月15日 中国科学技术大学发布我国首台特有体验交互机器

人"佳佳"。该机器人具备人机对话理解、面部微表情、自主定位导航等强大功能。

4月18日 省委、省政府印发《关于落实发展新理念加快农业现代化实现全面小康目标的实施意见》。

4月20日 省委九届十六次全会召开，专题研究全面从严治党工作，审议通过《中共安徽省委关于深入推进全面从严治党的若干意见》。

4月20日—22日 国家淘汰落后产能工作考核组对安徽省2015年淘汰落后和过剩产能工作及目标任务完成情况进行检查考核，确认安徽省超额完成了国家下达的"十二五"目标任务。

4月24日—27日 习近平先后到六安、滁州、合肥等地，深入农村、企业、高校、科研文化单位，就贯彻党的十八届五中全会精神、落实"十三五"规划纲要进行调研考察。24日，习近平来到革命老区金寨县的红军广场，向革命烈士纪念塔敬献花篮，瞻仰金寨县红军纪念堂，参观金寨县革命博物馆，到花石乡大湾村考察脱贫工作并发表重要讲话，强调全面建成小康社会，一个都不能少，特别是不能忘了老区。25日，习近平在凤阳县小岗村主持召开农村改革座谈会并发表重要讲话。26日，在合肥市主持召开知识分子、劳动模范、青年代表座谈会并发表重要讲话。考察期间，习近平总书记听取了省委、省政府工作汇报，对安徽提出"一大目标"（加强改革创新，努力闯出新路）和"五大任务"（扎实推进供给侧结构性改革，扎实推进现代农业建设，扎实增进人民群众获得感，扎实推进改革开放，扎实学习和贯彻党章）的明确要求。5月6日，省委印发《关于深入学习宣传和贯彻落实习近平总书记视察安徽重要讲话精神总体安排方案》。5月24日，省委、省政府印发《关于深入贯彻落实习近平总书记视察安徽重要讲话奋力在中部崛起中闯出新路的意见》，在全省迅速掀起学习宣传贯彻习近平总书记视察安徽重要讲话精神热潮。

4月26日 安徽省表彰149名优秀农民工和50个农民工工作先进集体。

同日 合肥国际邮件互换局兼交换站正式运行。这是安徽省境内设立的首个国际邮件互换局。

5月4日 省委办公厅、省政府办公厅印发《关于加大脱贫攻坚力度支持革命老区开发建设的实施意见》，提出到2020年革命老区生产总值年均增长速度力争达到8.5%。

5月6日 省委常委会会议审议通过《关于完善矛盾纠纷多元化解机制的实施意见》。2018年11月23日，省十三届人大常委会第六次会议通过《安徽省多元化解纠纷促进条例》。

5月10日 省政府办公厅印发《安徽省机关事业单位职业年金办法》，自2014年10月1日起实施。

5月16日 省委、省政府印发《安徽省扎实推进供给侧结构性改革实施方案》，提出推进"三去一降一补"的目标任务和具体举措，力争一年有所突破、三年基本完成、五年全面完成。

5月26日 省委、省政府印发《关于深化国资国企改革的实施意见》，要求到2020年在重要领域和关键环节取得决定性成果。

6月1日 国家发改委、住建部印发《长江三角洲城市群发展规划》，将合肥、芜湖、马鞍山、铜陵、安庆、滁州、池州、宣城八市纳入规划范围，提出将长三角城市群建设成为具有全球影响力的世界级城市群。12月3日，省政府办公厅印发《长江三角洲城市群发展规划安徽实施方案》。

同日 省政府印发《关于推进普惠金融发展的实施意见》。

6月4日 省政府办公厅印发《关于全面治理拖欠农民工工资问题的实施意见》，全面治理拖欠农民工工资问题，保护农民工合法权益。2018年1月30日，省政府办公厅印发《安徽省保障农民工工资支付工作考核办法》。

同日 省政府办公厅印发《安徽省推进农业水价综合改革实施方案》，部署分步实施农业水价综合改革，力争十年内全面完成改革任务，建立健全农业水价形成机制。

6月13日 省政府办公厅印发《关于解决无户口人员登记户口问题的实施意见》，要求依法为无户口人员登记常住户口，全面解决无户口人员登记户口问题。

6月16日 国务院批复同意合肥、芜湖、蚌埠三个国家高新技术产业开发区（统称合芜蚌国家高新区）建设国家自主创新示范区。12月3日，省政府印发《合芜蚌国家自主创新示范区建设实施方案》。

6月26日 安徽省首家省级公办民营医院——安徽省中西医结合医院开诊，标志着社会资本参与公立医院改革迈出第一步。

6月27日 省政府印发《加快知识产权强省建设实施方案》，提出到2020年努力建成知识产权强省。

7月5日 李克强在安徽考察指导淮河防汛工作，深入了解群众生产生活情况。

7月7日 省政府办公厅印发《促进医药产业健康发展实施方案》，提出到2020年，医药产业规模显著提升，力争主营业务收入超过2000亿元，年均增速15%以上。

7月21日 世界银行行长金墉率代表团到天长市考察医疗卫生改革情况，对安徽省医改取得的成绩给予高度评价。他表示，世行将与安徽进一步深化合作，共同推动安徽医改取得更大成功，为全球医疗卫生领域改革探索路径、树立示范。

7月22日 省政府办公厅印发《关于健全生态保护补偿机制的实施意见》，提出到2020年实现森林、湿地、水流、耕地等重点领域和禁止开发区域、重点生态功能区等重要区域生态保护补偿全覆盖，基本形成符合安徽省情的生态保护补偿制度体系。

7月25日 省政府印发《关于加强农村留守儿童关爱保护工作的实施意见》。2020年1月8日，省政府办公厅印发《关于进一步加强困境儿童保障和农村留守儿童关爱保护工作的意见》。

7月26日 省委、省政府印发《关于扎实推进绿色发展着力打造生态文明建设安徽样板实施方案》，提出打造绿色美好家园、绿色转型升级、绿色低碳循环发展、绿色秀美山川、蓝天碧水净土、生态文明示范创建六个安徽样板，构建系统完整的安徽特色生态文明制度体系。

同日 省政府印发《关于健康脱贫工程的实施意见》，提出包括实施健康脱贫医疗兜底"351"政策等在内的16项举措，为农村贫困人口提供健康保障。2017年3月16日，省政府办公厅印发《安徽省健康脱贫综合医疗保障实施细则》。

7月28日 省委办公厅、省政府办公厅印发《关于贯彻落实习近平总书记视察安徽重要讲话深入推进精准扶贫精准脱贫的意见》。

8月8日 省委办公厅、省政府办公厅印发《关于建立扶贫对象退出机制的实施意见》，明确贫困人口、贫困村、贫困县到2020年有序退出的标准和要求。

8月16日 由中国科学技术大学主导研制的世界首颗量子科学实验卫星"墨子号"成功发射。2017年6月、8月，"墨子号"卫星先后在国际上首次成功实现千公里级卫星和地面之间的量子纠缠分发、量子密钥分发和量子隐形传态；9月29日，全球首条量子保密通信干线——"京沪干线"正式开通，我国成功实现了世界首次洲际量子保密通信。2019年12月30日，"墨子号"首次实现与可移动量子卫星地面站对接。2021年1月7日，中国科研团队成功实现跨越

4600公里的星地量子密钥分发，标志着我国已构建出天地一体化广域量子通信网雏形。

8月19日 省政府办公厅印发《关于贯彻落实加快中西部教育发展指导意见全面提升教育发展水平的实施意见》，提出到2020年，教育现代化、信息化取得重要进展，全省各级各类教育实现衔接沟通、协调发展，基本公共教育服务体系基本建成，综合实力与发达地区进一步缩小，教育发展水平处于中西部前列。

8月 安徽省在11个县（区）选择13个村启动首批"三变"改革试点。2018年4月26日，省委办公厅、省政府办公厅印发《关于推进农村资源变资产资金变股金农民变股东改革工作的指导意见》，部署进一步扩大改革实施范围，要求在基础较好、积极性较高的地区实施整县推进。截至2020年年底，全省开展"三变"改革的村达10812个，覆盖面达68%。

9月2日 省委、省政府印发《关于进一步深化电力体制改革的实施意见》，加快推进电价改革，建立健全市场化交易机制。

9月6日 省政府办公厅印发《关于促进通用航空业发展的实施意见》，提出到2020年力争建设16个以上通用机场。

9月13日 省政府办公厅印发《关于深入推进简政放权放管结合优化服务改革工作的通知》，部署推进放管服改革，打造便民利企营商环境。

同日 省政府办公厅印发《安徽省战略性新兴产业"十三五"发展规划》，提出到2020年实现战略性新兴产业总产值翻番，力争达到2万亿元。

9月20日 省委、省政府印发《关于推进"电商安徽"建设的指导意见》，提出到2020年建成产业体系较为完整的电子商务大省的目标任务。

9月30日 省十二届人大常委会第三十三次会议通过《安徽省饮用水水源环境保护条例》《安徽省信息化促进条例》。

同日 省财政厅、省教育厅印发《关于免除普通高中建档立卡家庭经济困难学生学杂费的实施意见》，部署从秋季学期起，免除普通高中建档立卡家庭经济困难学生的学杂费。此举使全省4.6万名贫困高中生受益。

9月 合肥产城融合示范区、滁州产城融合示范区入围首批国家级产城融合示范区。

10月7日—10日 安徽省党政代表团就深入学习贯彻习近平总书记系列重要讲话精神和考察安徽重要讲话精神，树立和践行新发展理念，赴上海、江苏、浙江学习考察，分别与三省举行经济社会发展座谈会，签订战略合作框架协议。

10月10日 省委、省政府印发《关于进一步促进民间投资的若干意见》。

10月11日 铜陵市大通镇、安庆市岳西县温泉镇、黄山市黟县宏村镇、六安市裕安区独山镇和宣城市旌德县白地镇5个小镇入选首批中国特色小镇。

10月16日 2016年全国脱贫攻坚奖表彰大会在北京举行。安徽有2人荣获首届全国脱贫攻坚奖，受到表彰。至2020年10月，全省有15人和5家单位获得该项荣誉表彰。

同日 省委、省政府印发《关于深化投融资体制改革的实施意见》，部署开展新一轮投融资体制改革。

10月17日 省政府办公厅印发《关于加快推进广播电视村村通向户户通升级工作的实施意见》，提出统筹无线、有线、卫星三种技术覆盖方式，到2020年基本实现数字广播电视户户通。

10月25日 省政府办公厅印发《关于加快培育和发展住房租赁

市场的通知》，提出以建立购租并举的住房制度为主要方向，健全以市场配置为主、政府提供基本保障的住房租赁体系。

10月30日—11月3日 中国共产党安徽省第十次代表大会举行。大会批准九届省委《坚定不移闯出新路决战决胜全面小康为建设创新协调绿色开放共享的美好安徽而奋斗》的报告。大会确立今后五年的奋斗目标：坚定地在践行新发展理念中闯出新路，奋力在全国发展方阵中走在前列，圆满完成"十三五"发展规划，确保如期全面建成小康社会，推动全面从严治党不断深入，加快建设创新、协调、绿色、开放、共享的美好安徽。

10月31日 省委、省政府印发《关于深入推进城市执法体制改革改进城市管理工作的实施意见》。

11月2日 省政府印发《关于进一步健全特困人员救助供养制度的实施意见》，明确提出将符合条件的特困人员全部纳入救助供养范围，做到应救尽救、应养尽养。

11月13日 中国科学院合肥物质科学研究院强磁场科学中心自主研制的混合磁体装置调试获得成功，实现40万高斯稳态磁场的任务目标，成为磁场强度世界排名第二高的稳态强磁场装置。2017年9月27日，稳态强磁场实验装置通过国家验收，中国成为继美国、法国、荷兰、日本之后第五个拥有稳态强磁场的国家。

11月22日 省委印发《关于在全省党员干部中开展"讲看齐、见行动"学习讨论实施方案》，部署自11月下旬至2017年春节前，在全省党员干部重点是县处级以上干部中集中开展"讲看齐、见行动"学习讨论。

同日 省委办公厅、省政府办公厅印发《关于进一步推动南北合作共建现代产业园区的意见》。南北合作共建现代产业园区自2012年启动以来，已建成10个现代产业园区。

11 月 25 日　省委、省政府印发《关于推进价格机制改革的实施意见》，提出加快完善主要由市场决定价格机制，推进重点领域和关键环节价格改革，到 2017 年竞争充分领域和环节价格基本放开。

11 月 28 日　省委印发《关于深化人才发展体制机制改革的实施意见》。

11 月 28 日—29 日　省委十届二次全会召开，审议通过《关于学习贯彻党的十八届六中全会精神开创全面从严治党新局面的意见》《安徽省五大发展行动计划》。

11 月 29 日—30 日　全省卫生与健康大会召开，强调要深入推进健康安徽建设，全方位、全周期维护和保障人民健康，全面提高人民群众健康水平。2017 年 4 月 30 日，省委、省政府印发《关于进一步加强和改进卫生与健康工作的意见》；5 月 5 日，省委、省政府印发《"健康安徽 2030"规划纲要》。2019 年 12 月 30 日，省政府印发《健康安徽行动实施方案》，提出实施 15 项重大行动。至 2020 年，安徽人均寿命达 77.96 岁，主要健康指标好于全国平均水平。

11 月 30 日　省政府办公厅转发省民政厅等部门《关于做好农村最低生活保障制度与扶贫开发政策有效衔接的实施方案》。截至 2020 年年底，全省共有 127.5 万建档立卡贫困人口被纳入低保或者特困供养救助范围。

12 月 8 日　省委、省政府印发《关于推进"三重一创"建设的实施意见》，提出统筹推进一批重大新兴产业基地、重大新兴产业工程、重大新兴产业专项，建设创新型现代产业体系。2017 年 4 月 22 日，省政府印发《支持"三重一创"建设若干政策》。

12 月 12 日　安徽省 12 户家庭获评第一届全国文明家庭。2020 年 11 月 20 日，20 户家庭获评第二届全国文明家庭。

12 月 19 日　省政府常务会议首次邀请 9 位来自社会各界的群众

代表列席，就民生议题发表意见建议。

12 月 22 日　省委、省政府印发《关于进一步加强城市规划建设管理工作的实施意见》，部署扎实推进"四创一建"（创新城市发展方式、创建城市特色风貌、创造城市优良环境、创优城市管理服务，着力打造城市生态文明建设的安徽样板，建设绿色江淮美好家园），到 2020 年，城市发展质量效益显著提高，徽风皖韵特色初步彰显。

同日　省委办公厅、省政府办公厅印发《安徽省脱贫攻坚督查巡查工作实施办法》。

12 月 26 日　合肥轨道交通 1 号线正式开通运营，填补了安徽轨道交通发展的空白。截至 2021 年 6 月，合肥市轨道交通 1 号线共输送乘客 2.98 亿人次。

12 月 26 日—27 日　全省经济工作会议强调，要坚持稳中求进工作总基调，贯彻落实"五大政策"（宏观政策要稳、产业政策要准、微观政策要活、改革政策要实、社会政策要托底），全面做好稳增长、促改革、调结构、惠民生、防风险各项工作，促进经济平稳健康较快发展和社会和谐稳定。

12 月 28 日　省政府印发《关于整合城乡居民基本医疗保险制度的实施意见》。截至 2020 年年底，安徽省基本医疗保险参保率达99%；全省贫困人口全部纳入基本医保覆盖范围，贫困人口就医负担全面减轻。

12 月 29 日　省委印发《深入学习贯彻习近平总书记系列重要讲话精神若干规定》。这是全国省级首部就学习贯彻习近平总书记系列重要讲话精神制定的党内法规。2018 年 4 月 2 日，省委印发《深入学习贯彻习近平新时代中国特色社会主义思想若干规定》。

同日　安徽省基础设施建设"一号工程"——引江济淮工程开工建设。该工程是国务院确定的 172 项节水供水重大水利工程之一，具有缓解淮河流域水资源短缺、沟通江淮航运、改善巢湖及淮河流域水生态环境等巨大效益。

12月30日 省政府办公厅印发《关于进一步促进全省粮食产业园区转型升级的意见》，提出到2020年打造5个以上销售收入超50亿元的现代粮食产业示范园区，培育壮大20个销售收入超30亿元的粮食产业园区。

二〇一七年

1月4日 省政府办公厅印发《安徽省"十三五"脱贫攻坚规划》，提出以大别山片区、皖北地区和革命老区为主战场，举全省全社会之力坚决打赢脱贫攻坚战，到 2020 年实现现行标准下贫困人口全部脱贫、贫困村全部出列、贫困县全部摘帽，稳定实现贫困人口不愁吃、不愁穿，义务教育、基本医疗和住房安全有保障，贫困地区农民人均可支配收入比 2010 年翻一番以上，增长幅度高于全省平均水平，基本公共服务主要领域指标接近全省平均水平，确保同步全面建成小康社会。

1月6日 省政府印发《关于深化制造业与互联网融合发展的实施意见》。

同日 省政府办公厅印发《安徽省气象灾害应急预案》。2021 年 1 月 22 日，《安徽省气象灾害应急预案》修订印发。

1月7日 合肥、淮北、黄山、六安、宣城五市被列入全国第三批低碳城市试点名单，入选城市数量居全国首位。

1月10日 《合肥综合性国家科学中心建设方案》获国家发改委和科技部批复，合肥成为继上海之后的全国第二个综合性国家科学中心。9 月 7 日，省委、省政府和中国科学院联合印发《合肥综合性国家科学中心实施方案（2017—2020 年）》。

1月12日 省委、省政府印发《安徽省贯彻落实〈国家创新驱动发展战略纲要〉实施方案》，提出科技强省建设"三步走"目标：

到 2020 年建设成为创新型省份，基本建成安徽区域创新体系；到 2030 年跻身创新型省份前列；到 2050 年建成创新型强省。

1 月 13 日 全省国有企业党的建设工作会议召开，强调要始终坚持党对国有企业的领导，充分发挥企业党组织的领导核心和政治核心作用，全面加强国有企业党的建设，为做强做优做大国有企业提供坚强的组织保证。

1 月 17 日 省政府办公厅印发《推动非户籍人口在城市落户实施方案》。截至 2020 年年底，累计 700 万左右农业转移人口落户城镇。

1 月 20 日 省委召开贫困县党政正职座谈会，强调要坚定不移贯彻落实中央各项决策部署，坚定保持贫困县党政正职稳定，坚决打赢脱贫攻坚这场硬仗。

1 月 21 日 省政府办公厅印发《关于加快发展健身休闲产业的实施意见》，提出到 2025 年，基本形成布局合理、功能完善、门类齐全的健身休闲产业发展格局，健身休闲产业总规模超过 1200 亿元。

1 月 26 日 省政府办公厅印发《关于对真抓实干成效明显地方加大激励支持力度的通知》，提出 29 项激励措施。2019 年 2 月，调整增加为 43 项。

2 月 2 日 省政府办公厅印发《安徽省残疾人预防行动计划（2016—2020 年)》。

2 月 3 日 省委办公厅、省政府办公厅印发《关于县域结对帮扶推进脱贫攻坚的实施意见》，部署在全省选取 20 个经济相对发达的县（市、区）结对帮扶 20 个国家级贫困县（区），开展县域结对帮扶活动。

2 月 10 日 省政府办公厅印发《关于构建"六项机制"强化安全生产风险管控的实施意见》，提出构建查找、研判、预警、防范、处置和责任机制，强化安全生产风险管控，增强安全防范治理能力。

9月15日，省委、省政府印发《关于推进安全生产领域改革发展的实施意见》。

2月15日 省政府办公厅印发《安徽省脱贫攻坚期产业精准扶贫规划》，提出要加快培育一批能带动贫困户长期稳定增收的优势特色产业，力争使贫困人口每年人均增收超过千元。

2月16日 全国法院深入推进多元化纠纷解决机制改革暨示范法院经验交流会在马鞍山召开。最高人民法院启动在线调解平台建设试点工作，安徽省成为试点省份之一。

2月17日 省政府印发《加快推进"互联网＋政务服务"工作方案》。2018年12月29日，省政府印发《关于全面对接国家政务服务平台高质量建设全省一体化网上政务服务平台的实施方案》。2020年4月13日，省政府印发《关于打造"皖事通办"平台加快政务数据归集共享的意见》。

2月26日 十届安徽省委启动第一轮巡视。2017年11月18日，省委修订印发《贯彻〈中国共产党巡视工作条例〉实施办法》。至2021年7月，十届安徽省委共开展11轮巡视，实现对317个党组织的巡视全覆盖，并对27个党组织开展"回头看"。

2月27日 合肥综合性国家科学中心暨量子信息与量子科技创新研究院建设动员大会召开。7月11日，中国科学院量子信息与量子科技创新研究院揭牌。

同日 省委办公厅、省政府办公厅印发《安徽省2017年脱贫攻坚工作要点》，提出全年贫困人口脱贫90万人以上、贫困村出列1000个以上，力争2个贫困县脱贫摘帽的任务。

2月28日 省政府印发《关于促进创业投资持续健康发展的实施意见》，提出要着力构建促进创业投资发展的制度、市场和生态环境，加快促进技术与资本融合、创新与产业对接，推动大众创业、万众创新。

3月1日 省政府办公厅印发《关于支持返乡下乡人员创业创新促进农村一二三产业融合发展的实施意见》，提出到2020年，重点打造200个省级返乡下乡创业创新示范园区（基地），扶持返乡下乡创业人员20万人，带动就业100万人以上。

3月6日 省委办公厅、省政府办公厅印发《安徽省全面推行河长制工作方案》。2018年5月2日，省委办公厅、省政府办公厅印发《关于在湖泊实施湖长制的意见》。截至2020年年底，全省共设立河长5.3万名、湖长2779名，以党政领导负责制为核心的河（湖）长体系全面建立并延伸到村，覆盖全省河流湖泊水库及部分沟塘渠堰。

3月8日 省委、省政府印发《关于深入推进农业供给侧结构性改革加快培育农业农村发展新动能的实施意见》。

3月20日 省政府办公厅印发《关于加快健康产业发展的指导意见》。

同日 省政府办公厅印发《安徽省农业现代化推进规划（2016—2020年）》。

3月27日 省政府印发《关于统筹推进县域内城乡义务教育一体化改革发展的实施意见》，提出到2020年，九年义务教育巩固率达到95%，基本实现县域义务教育均衡发展和城乡基本公共教育服务均等化。

3月29日 安徽省新增渡江战役纪念馆、淮南市大通万人坑教育馆、王稼祥事迹陈列馆（王稼祥故居）三个全国爱国主义教育示范基地。2021年6月，王家坝闸和国家同步辐射实验室入选全国爱国主义教育基地。至此，安徽省全国爱国主义教育基地总数达15个。

3月30日 全省打造内陆开放新高地推进大会召开，强调要进一步强化大开放意识，树牢大开放战略，营造大开放环境，努力推动安徽开放型经济发展水平走在内陆省份的前列。4月20日,省委、省政府印发《关于打造内陆开放新高地的意见》。

4月4日 省委、省政府印发《关于将旅游业培育成为重要支柱产业的意见》。5日,全省旅游业发展大会召开,强调要全力推进旅游强省建设。

4月6日 各民主党派省委开展脱贫攻坚民主监督工作启动会召开。7个民主党派省委各对口2个市开展脱贫攻坚民主监督工作。

4月7日 省政府办公厅印发《推进电子商务进农村全覆盖工作方案》,部署推进农村电商公共服务、物流配套、乡村网点三个全覆盖工作。2018年至2020年,安徽相继实施农村电商巩固提升、优化升级和提质增效专项行动,推动农村电商快速发展。至"十三五"末,全省农产品网络销售额累计超1000亿元。

4月11日 以"开放的中国:锦绣安徽迎客天下"为主题的安徽全球推介活动在外交部举行。

4月12日 省政府印发《安徽省推进农业产业化加快发展实施方案(2017—2021年)》,部署实施优质规模农产品原料基地建设、农产品加工业转型升级、农业新业态拓展、龙头企业培育、农产品品牌创建五大工程,力争到2021年,全省农业产业化发展总体水平明显提升,农业产业化主要指标赶上或超过全国平均水平。

4月19日 省委常委会暨省扶贫开发领导小组会议决定,从现在起至9月底,在全省部署开展扶贫开发工作"重精准、补短板、促攻坚"专项整改行动。20日,全省扶贫开发工作"重补促"专项整改行动动员部署会议召开。

同日 省委办公厅、省政府办公厅印发《关于建立省级党政领导信访工作联系点的通知》。2018年2月5日,省委办公厅、省政府办公厅印发《关于进一步加强信访法治化建设的实施意见》。

4月20日 全省推进"两学一做"学习教育常态化制度化工作电视电话会议召开，强调从抓住"关键少数"、抓实基层入手，突出"讲政治、重规矩、作表率"，推动"两学一做"学习教育融入日常、抓在经常。

4月22日 省委、省政府印发《关于深入贯彻习近平总书记视察安徽重要讲话精神进一步加强环境保护工作的实施意见》。

同日 省政府印发《支持科技创新若干政策》《支持制造强省建设若干政策》《支持技工大省建设若干政策》，分别提出十项支持政策。

4月26日 省政府印发《关于扎实推进民生工作的意见》，对推进2017—2021年全省民生工作作出部署安排。

同日 省政府办公厅印发《关于促进"十三五"期间少数民族和民族聚居地区加快发展的实施意见》。

同日 省政府办公厅印发《关于深入推进扶贫小额信贷工作的实施意见》，明确对有发展需求、有贷款意愿、有还款能力或还贷措施的贫困户提供免抵押、免担保、5万元以下、三年期以内、基准利率、财政贴息的精准扶贫小额贷款，力争到2020年实现全省符合条件的贫困户"贷得到、用得好、还得上、稳脱贫"的目标。

4月27日 中央第四环境保护督察组进驻安徽，开展为期一个月的环境保护督察。7月29日，督察组向省委、省政府反馈督察意见。12月18日，安徽省公开督察反馈意见整改方案。

同日 省政府印发《关于实施林业增绿增效行动的意见》，部署实施生态保护修复、造林绿化攻坚、森林质量提升、绿色产业富民四大工程，力争到2021年全省森林覆盖率超过31%，山区农民林业综合性收入年均增长10%。

同日 省政府印发《坚持平安为基推进安全发展实施方案》，对推进公共安全、生产安全、食品药品安全和生态安全作出具体部署。

4月 安徽省决定对未出列的贫困村一次性增派3846名优秀党员干部驻村帮扶，实现每个贫困村基本上有一名副县级以上党员干部担任第一书记兼驻村扶贫工作队队长。

5月3日 世界首台光量子计算机在合肥诞生。

5月4日 省委办公厅、省政府办公厅印发《省级领导包保突出环境问题整改工作制度》，建立省级领导包保突出环境问题整改、省直有关单位参与包保工作制度。

5月6日 省政府在萧县召开招商引资工作现场会，部署做好新形势下的招商引资工作。8日，省政府印发《关于进一步做好招商引资工作的意见》。

5月9日 省委办公厅、省政府办公厅印发《关于完善农村土地所有权承包权经营权分置办法的实施意见》，要求到2020年基本完成"三权分置"改革任务。

5月10日 省委召开常委会扩大会议暨"讲重作"专题警示教育动员会，在省级党员领导干部中启动"讲政治、重规矩、作表率"专题警示教育。6月30日，省委动员部署在全省党员干部重点是县处级以上党员领导干部中开展"讲重作"专题警示教育。

5月11日 省政府办公厅印发《安徽省遏制与防治艾滋病"十三五"行动计划》。

5月13日 类脑智能技术及应用国家工程实验室在合肥成立，这是我国类脑智能领域唯一的国家级工程实验室。

5月16日 江淮汽车与大众汽车合资生产纯电动乘用车项目获国家发改委批准。12月22日，江淮大众汽车有限公司成立，这是我国首家中外合资新能源汽车企业。2018年5月25日，江淮大众公司思皓（SOL）品牌首款产品下线。2020年5月29日，江淮汽车集团与德国大众汽车集团在北京签署战略合资合作协议。

5 月 17 日　省政府办公厅印发《关于完善支持政策促进农民持续增收的实施意见》。

5 月 26 日　全省美丽乡村建设推进会召开，部署一体化推进农村垃圾、污水、厕所专项整治"三大革命"。

同日　省政府印发《安徽省新型城镇化发展规划（2016—2025年)》，提出到 2025 年，全省常住人口城镇化率达到 62%，户籍人口城镇化率达到 45%。

5 月 27 日　省十二届人大常委会第三十八次会议通过《安徽省促进战略性新兴产业集聚发展条例》，自 7 月 1 日起施行。

同日　全省制造强省建设大会召开，强调要加快推动安徽从制造大省向制造强省跨越。

同日　安徽省 8 位科学家荣获首届全国创新争先奖。2020 年 5月 30 日，安徽 4 位科学家荣获第二届全国创新争先奖。

6 月 5 日—6 日　2017 年安徽秸秆综合利用产业博览会在合肥举办。这是全国首家以秸秆综合利用为主题的展会。秸博会每年举办一次，自 2020 年起，更名为安徽秸秆暨畜禽养殖废弃物综合利用产业博览会。

6 月 14 日　省政府办公厅印发《激发重点群体活力带动城乡居民增收实施方案》，提出实施技能人才、新型职业农民、科研人员、小微创业者、企业经营管理人员、基层干部队伍、有劳动能力的困难群体等七大群体激励计划，推进就业促进、职业技能提升、托底保障、财产性收入开源清障、收入分配秩序规范、收入监测能力提升六大支撑行动，带动城乡居民增收。

6 月 16 日　省委办公厅、省政府办公厅印发《"两治三改"三年专项行动方案》，部署在全省开展以治理违法建设、违法用地和改造

199

棚户区、"城中村"、老旧小区为主要内容的"两治三改"三年专项行动。

6月22日 省委、省政府印发《关于推进防灾减灾救灾体制机制改革的实施意见》。

6月30日 省政府印发《关于加快推进特色小镇建设的意见》，提出到2021年，培育和规划建设80个左右省级特色小镇，重点打造若干个特色小镇样板，形成示范效应。2021年3月2日，省政府办公厅印发《促进特色小镇规范健康发展若干措施》。

7月1日 《环巢湖湿地公园群总体规划》通过专家评审。《规划》提出建设10个环巢湖湿地公园。

7月6日 省政府办公厅印发《关于进一步加强生活垃圾分类工作的通知》。

7月10日 安徽省全面完成通过国家平台的结报联网工作，全面实现新农合双向跨省即时结报。

7月12日 全省体育强省建设动员大会召开，全面启动体育强省建设，力争到2025年基本建成体育强省。

7月24日 省委办公厅、省政府办公厅印发《关于完善包保机制加强定点帮扶工作的实施意见》，按照"单位帮扶、干部驻村、整村包保"要求，建立完善帮扶单位包保机制。

7月28日 省十二届人大常委会第三十九次会议通过《安徽省湖泊管理保护条例》，在全国率先将"湖泊实行河长制管理"写入《条例》，自2018年1月1日起施行。

8月3日、4日 省政府分别印发《关于支持企业参与脱贫攻坚工作的若干意见》《关于进一步加强行蓄洪区脱贫攻坚工作的若干意见》。

8月8日 省委、省政府印发《关于完善产权保护制度依法保护产权的实施意见》，提出要加强各种所有制经济产权保护，健全增加城乡居民财产性收入的各项制度。

8月11日 省委、省政府印发《安徽省推动长江经济带发展实施规划》。

8月15日 省委办公厅、省政府办公厅印发《关于在全省企业中开展"四送一服"双千工程的实施方案》，明确每年集中一个月时间，组织千名机关干部，深入千家企业，送发展理念、送支持政策、送创新项目、送生产要素，服务实体经济。

8月20日 安徽省立智慧医院（人工智能辅助诊疗中心）挂牌运行。2018年9月12日，省政府办公厅印发《关于促进"互联网＋医疗健康"发展的实施意见》。

8月23日 省委印发《关于加快构建中国特色哲学社会科学的实施意见》。

8月24日 省委办公厅、省政府办公厅印发《关于推进长江经济带生态优先绿色发展的实施意见》。

8月27日—9月8日 安徽省体育代表团在第十三届全国运动会上获得7枚金牌（含群体项目1枚）、15枚银牌（含群体项目3枚）、11枚铜牌，实现了全面超上届的目标。

8月28日 省委、省政府印发《关于稳步推进农村集体产权制度改革的实施意见》，提出从2017年开始，用三年左右时间基本完成农村集体资产清产核资工作，用五年左右时间基本完成集体经营性资产股份合作制改革，逐步构建归属清晰、权能完整、流转顺畅、保护严格的农村集体产权制度。

8月30日 合肥知识产权法庭挂牌运行，这是全省保障知识产权和科技创新的唯一一个专门审判机构。

9月6日 省政府印发《关于建立粮食生产功能区和重要农产品

生产保护区的实施意见》，提出划定粮食生产功能区 5200 万亩、重要农产品生产保护区 1900 万亩。

9 月 11 日　省政府办公厅印发《关于支持油茶产业扶贫的意见》。

9 月 12 日　省政府印发《支持中国声谷建设若干政策》。

9 月 15 日　旌德县入选全国第一批"绿水青山就是金山银山"实践创新基地。18 日，宣城市、金寨县、绩溪县入选第一批国家生态文明建设示范市县。至 2020 年 10 月底，全省共有 4 个县（市、区）入选全国"绿水青山就是金山银山"实践创新基地，1 个市 10 个县（市、区）跻身国家生态文明建设示范市县行列。

9 月 16 日　省政府办公厅印发《安徽省湿地保护修复制度实施方案》，提出全面保护现有湿地，确保全省湿地总面积不低于 104.18 万公顷。

9 月 18 日　省委、省政府印发《关于建立林长制的意见》，在全国率先推行林长制改革，当年在合肥、安庆、宣城等地先行试点，2018 年在全省推开。截至 2018 年年底，全省设立省、市、县、乡、村五级林长 52122 名。2019 年 10 月 19 日，全国首个林长制改革示范区在安徽揭牌。2020 年 12 月 28 日，中共中央办公厅、国务院办公厅印发《关于全面推行林长制的意见》，林长制改革在全国普遍推广。

同日　省委办公厅、省政府办公厅印发《安徽省划定并严守生态保护红线实施方案》。2018 年 6 月 27 日，省政府发布《安徽省生态保护红线》，全省划定生态保护红线总面积 21233.32 平方公里，占全省国土总面积的 15.15%。

同日　省政府印发《关于创优"四最"营商环境的意见》，提出努力把安徽建设成为全国审批事项最少、办事效率最高、投资环境最优、市场主体和人民群众获得感最强的省份。

9月20日　马钢重型热轧 H 型钢生产线项目开工建设。2020 年 4 月 28 日，项目建成试生产。这是国内首条重型热轧 H 型钢生产线。

9月22日　省政府新闻发布会发布：在全国社会治安综合治理表彰大会上，安徽 2 个市、3 个县（市）、1 个单位荣获"长安杯"。至 2021 年，安徽平安建设连续十年进入全国先进行列。

9月23日　国家教育督导检查组在合肥召开反馈会，认为安徽省各县（市、区）均达到县域义务教育基本均衡发展评估认定标准。安徽成为全国第九个所有县（市、区）均实现义务教育发展基本均衡的省份。

10月8日　省政府办公厅印发《关于促进外资增长的实施意见》。2018 年 9 月 7 日，省政府印发《关于积极有效利用外资推动经济高质量发展的实施意见》。

10月17日　省政府印发《关于鼓励社会力量兴办教育促进民办教育健康发展的实施意见》。

11月9日　省委、省政府印发《关于加强基层基本公共服务功能建设的意见》，提出到 2020 年，实现城乡区域间基本公共服务大体均衡，全省贫困地区基本公共服务主要领域指标接近全国平均水平，基本公共服务均等化总体实现。

同日　省委办公厅、省政府办公厅印发《关于聚焦深度贫困集中力量攻坚的实施意见》。全省共确定 9 个深度贫困县、125 个深度贫困村。

11月18日　安徽省首家民营银行——安徽新安银行成立。

11月20日　全省推进国家监察体制改革试点工作动员部署电视电话会议召开。12 月 10 日，全省首家监察委员会在五河县挂牌成立。至 12 月 29 日，全省 105 家县级监察委员会全部完成组建挂牌，16 个省辖市完成转隶工作。2018 年 1 月 31 日，安徽省监察委员会挂牌成立。至此，省、市、县三级监察委员会全部组建完成。

同日　省政府办公厅印发《关于提高户籍人口城镇化率加快推进新型城镇化若干政策的通知》，提出进一步放开城市落户门槛等十项政策措施，特别是要全面放开除合肥以外其他所有城市落户限制，进一步放宽合肥市落户条件。

11月28日　省委办公厅印发《关于推动构建新型政商关系的若干意见》，提出要优化发展环境、畅通政商交往渠道、规范政商交往行为、培育亲清政商文化。

11月30日—12月1日　省委十届六次全会召开，审议通过《中共安徽省委关于深入贯彻落实党的十九大精神全面开创现代化五大发展美好安徽建设新局面的决定》《中共安徽省委关于贯彻落实〈中共中央政治局关于加强和维护党中央集中统一领导的若干规定〉的意见》《中共安徽省委贯彻落实中央八项规定精神深入推进作风建设的实施细则》《安徽省五大发展行动计划（修订版）》等。全会强调，坚持以五大发展行动计划为总抓手，加快建设现代化五大发展美好安徽，到2020年，与全国同步全面建成小康社会；到2035年，与全国同步基本实现社会主义现代化，基本建成现代化五大发展美好安徽；到21世纪中叶，与全国同步实现社会主义现代化，建成现代化五大发展美好安徽。

12月1日　省政府办公厅印发《关于推进医疗联合体建设和发展的实施意见》，要求调整优化医疗资源结构布局，促进医疗卫生工作重心下移和资源下沉，提升基层服务能力，更好地满足群众健康需求。

12月11日　科大讯飞获批建设我国首个认知智能国家重点实验室。至2020年，全省有国家重点实验室（含国家科学中心）12家。

12月20日　全球首条最高世代线——BOE（京东方）合肥第

10.5 代 TFT-LCD 生产线投产，标志着安徽在全球显示领域已成为领跑者。2019 年、2020 年，其生产的 65 寸、75 寸液晶显示屏全球市场占有率均超过 30%，位列全球第一。

12 月 27 日 合肥市庐阳区、巢湖市、铜陵市义安区、天长市、怀宁县入选首批全国农村社区治理实验区名单。实验主题为"建立党建引领、多方参与、协商共治的农村社区治理机制"，实验时间从 2018 年 1 月到 2021 年 1 月。

12 月 28 日 省委办公厅、省政府办公厅印发《关于落实食品安全党政同责的意见》。2019 年 12 月 30 日，省委办公厅、省政府办公厅印发《关于深化改革加强食品安全工作的若干措施》。2021 年 3 月 14 日，省政府办公厅印发《关于"食安安徽"品牌建设的实施意见》。

二〇一八年

1月12日　省政府办公厅印发《关于全面放开养老服务市场提升养老服务质量的实施意见》，提出到2020年全面放开养老服务市场。3月1日，省政府办公厅印发《安徽省构建多层次养老服务体系（2018—2020年）行动计划》。

1月18日　安徽省发布2016年全省生态文明建设年度评价结果。全省绿色发展指数排名前五位的市分别是芜湖、黄山、马鞍山、宣城和合肥。这是安徽省首次发布生态文明建设年度评价结果。

1月19日　省委、省政府印发《关于加强和完善城乡社区治理的实施意见》。

同日　省委办公厅、省政府办公厅印发《关于创新政府配置资源方式的实施意见》，提出将更多引入市场机制和市场化手段，提高公共资源配置的效率和效益。

1月20日　省委常委会扩大会议强调，要切实把思想和行动统一到中央关于宪法修改的重大决策部署上来，自觉维护宪法权威，坚决保证宪法实施。4月23日，省委印发《关于深入学习宣传和贯彻实施〈中华人民共和国宪法〉的意见》。

1月23日　省纪委机关、省委组织部、省委宣传部、省文明办印发《关于全省党员干部带头开展移风易俗弘扬时代新风的指导意见》。

1月27日　全省扫黑除恶专项斗争电视电话会议召开，动员部署在全省开展新一轮扫黑除恶专项斗争。至 2020 年 12 月底，全省共打掉涉黑涉恶团伙 1771 个，查封、冻结、扣押涉案资产 130.49 亿元。2021 年 6 月 23 日，全省扫黑除恶专项斗争总结表彰暨常态化机制化开展扫黑除恶斗争推进会召开，表彰 150 个先进集体、300 名先进工作者，通报表扬 10 个先进市级领导小组，嘉奖 200 名县处级干部。

1 月 29 日　全省扶贫开发工作会议召开，动员全省上下以时不我待、只争朝夕的精神，全力实现精准脱贫攻坚年度战役连战连捷。2018 年全省脱贫攻坚的目标任务是实现 10 个国家级贫困县、8 个省级贫困县摘帽，700 个以上贫困村出列，70 万以上贫困人口脱贫。

1 月　安徽省政务服务标准化试点省项目通过国家考核评估，成为全国首个政务服务标准化试点省。

2 月 7 日—8 日　省委农村工作会议在凤阳县小岗村召开，全面部署乡村振兴工作。2 月 13 日，省委、省政府印发《关于推进乡村振兴战略的实施意见》。8 月 24 日，全省实施乡村振兴战略工作推进会议召开。9 月 28 日，省委、省政府印发《安徽省乡村振兴战略规划（2018—2022 年）》。

2 月 8 日　华米科技在美国纽约证券交易所上市，成为全省第一家在美国首发上市的企业。

2 月 9 日　省政府部署在具备条件的国家自主创新示范区、国家高新技术产业开发区、国家级经济技术开发区，开展"证照分离"改革试点，复制推广上海浦东新区改革的具体做法。全省对应改革项目共 93 个。从 11 月 10 日起，全省首批 106 项涉企（含个体工商户、农民专业合作社）行政审批事项分别按照直接取消审批、审批改为备案、告知承诺、优化准入服务四种方式实施"证照分离"改革。2021 年 3 月 1 日，全省启动"证照分离"改革全覆盖试点工作，将涉企经营许可事项全部纳入清单管理，分类推进审批制度改革。

同日 小岗村召开村集体资产股份经济合作社分红大会，小岗村村民作为股东首次领到分红款。

同日 省政府办公厅印发《安徽省半导体产业发展规划（2018—2021年）》。

2月11日 省委、省政府印发《关于组建安徽省实验室安徽省技术创新中心的决定》，决定首批组建10个左右的安徽省实验室和10个左右的安徽省技术创新中心。2019年7月24日，省政府印发《关于推进安徽省实验室安徽省技术创新中心建设的实施意见》，对"一室一中心"建设给予支持。至2021年4月，全省"一室一中心"达32家。

2月13日 省政府办公厅印发《关于进一步加强控辍保学提高义务教育巩固水平的通知》，要求切实解决义务教育学生失学辍学问题，确保实现到2020年全省九年义务教育巩固率达到95%的目标。

2月22日 省政府办公厅印发《关于深化产教融合的实施意见》，提出通过十年左右的努力，基本实现教育和产业统筹融合，高等教育、职业教育对经济发展和产业升级的贡献显著增强。

2月27日 省委办公厅印发《安徽省全面深化改革督察办法》。

3月4日 2018年中国（合肥）人工智能产业发展大会举行。5月11日，省政府印发《安徽省新一代人工智能产业发展规划（2018—2030年）》，提出到2030年，将安徽建设成为全国重要的人工智能产业先行区和战略高地，人工智能产业规模达到1500亿元，带动相关产业规模达到1万亿元。2020年3月7日，省政府印发《关于支持人工智能产业创新发展若干政策的通知》，提出十项支持措施。

3月5日 安徽省决定从2018年起，用三年左右时间，在全省城镇全面开展公厕提升行动，力争到2020年主城区形成"10分钟如厕圈"。

3月13日 省政府办公厅印发《关于做优做大做强茶产业助推脱贫攻坚和农民增收的意见》。2021年3月14日，省政府办公厅印发《关于推动茶产业振兴的意见》。

3月22日 省委、省政府印发《关于推进新时代产业工人队伍建设改革的实施意见》。这是安徽省首次就产业工人队伍建设改革工作作出专门部署。

3月28日 亚洲单体最大的炼焦煤选煤厂——淮南矿业集团自主建设的潘集选煤厂及配套铁路项目建成投产。

3月30日 安徽省推动长江经济带发展工作会议召开，强调要把修复长江生态环境摆在压倒性位置，坚持"共抓大保护、不搞大开发"战略导向不动摇，加快推进水污染治理、水生态修复和水资源保护"三水共治"，着力培育具有国际竞争力的先进制造业集群，深入推进全面开放合作和区域协调发展，努力把长江经济带建设成为生态文明建设的先行示范带、创新驱动带、协调发展带。

4月2日 马鞍山、芜湖两市获批建设国家创新型城市。至此，安徽省拥有合肥、马鞍山、芜湖三座国家级创新型城市。6月5日，《建设安徽省级创新型城市工作指引》出台，全面启动省级创新型城市创建工作。

同日 省政府印发《关于深化"互联网＋先进制造业"发展工业互联网的实施意见》。

同日 全省首张环境保护税税票在合肥开出，标志着排污收费制度在安徽退出历史舞台，环境保护平稳实现"费改税"。

4月9日 全国首艘江海直达散货船"江海直达1"号停靠马钢港务原料总厂码头，完成从舟山至马鞍山的首航之旅，标志着我国江海无法直达历史的终结。10日，在马钢码头举行了首航活动仪式。

4月18日 新疆准东至安徽省皖南±1100千伏特高压直流输电

工程安徽段全线贯通。2019年9月26日，该工程正式投运。这是目前世界上电压等级最高、输送容量最大、输送距离最远、技术水平最先进的特高压输电工程。

4月19日 安徽、浙江、江苏、上海三省一市签署《长三角技术市场资源共享、互融互通合作协议》。

4月 0.12毫米超薄电子触控玻璃在蚌埠下线，创造了浮法技术工业化生产的世界最薄玻璃纪录。

5月2日 省委部署以鲁炜案为反面教材，在全省党员领导干部中开展"讲忠诚、严纪律、立政德"专题警示教育。

5月10日 康宁合肥全球首条10.5代液晶玻璃基板生产线建成量产。

5月11日 省委、省政府印发《关于营造企业家健康成长环境弘扬优秀企业家精神更好发挥企业家作用的实施意见》。

5月16日 省委宣传部、省文明办印发《安徽省推动"好人成名人"工作方案》，在全省启动实施"好人成名人"工程，重点开展"人人推"选树行动、"天天见"宣传行动、"处处敬"礼遇行动、"时时学"提升行动。

5月18日 省委办公厅、省政府办公厅印发《安徽省农村人居环境整治三年行动实施方案》。至2020年年底，三年行动各项任务圆满完成，农村人居环境得到显著改善。2021年起，安徽接续实施农村人居环境整治提升五年行动。

5月24日 省委、省政府印发《关于大力推进"四好农村路"建设的实施意见》，明确要求建好、管好、护好、运营好农村公路，提出到2020年全省基本实现村民组通硬化路，其中贫困地区在脱贫攻坚目标实现之前完成。

5月25日—27日 2018年首届世界制造业大会在合肥举办。大会由全球中小企业联盟、联合国工业发展组织、中国人民对外友好协会、安徽省人民政府联合主办。2018年中国国际徽商大会同期举办。11月30日，省政府新闻办新闻发布：世界制造业大会永久落户合肥。

5月30日　省政府印发《关于进一步推进中小企业"专精特新"发展的意见》，提出要引导制造业中小企业专业化、精细化、特色化、新颖化发展，力争到2020年全省专精特新中小企业超过3000户。2020年3月14日，省政府办公厅印发《关于进一步发挥专精特新排头兵作用促进中小企业高质量发展的实施意见》。

6月1日　2018年度长三角地区主要领导座谈会在上海召开，审议并原则同意《长三角地区一体化发展三年行动计划（2018—2020年）》，就组建长三角地区一体化发展投资基金、打通省际断头路、推进"互联网＋医共体"、共建G60科创走廊等一批合作项目进行现场签约。

6月2日　省委常委专程赴上海集体瞻仰中共一大、中共二大会址和中共四大纪念馆，深入学习贯彻习近平新时代中国特色社会主义思想和习近平总书记在瞻仰中共一大会址时的重要讲话精神，开展革命传统教育。

6月5日　省委办公厅、省政府办公厅印发《关于坚持创新驱动推动县域经济振兴的若干意见》。

6月11日　省委、省政府印发《安徽省中长期青年发展规划（2018—2025年）》。

6月15日　全省网络安全和信息化工作会议召开，强调要坚持创新发展、依法治理、保障安全、兴利除弊、造福人民，奋力开创新时代安徽网信事业新局面。

6月19日　世行贷款安徽省养老服务体系建设示范项目获批，贷款金额1.18亿美元。这是世界银行在全球支持的首个养老服务体系建设项目。

同日 省政府印发《关于建立固体废物污染防控长效机制的意见》。

同日 省政府印发《支持与国内外重点科研院所高校合作若干政策》，提出与"大院大所"合作的十项支持政策。

6月24日—7月24日 安徽在全省范围内开展了以解决涉及退役士兵、教育、企业三个领域信访突出问题为重点的"深督导、重化解、促落实"专项行动。

6月27日 省委、省政府印发《关于全面打造水清岸绿产业优美丽长江（安徽）经济带的实施意见》，提出要坚持共抓大保护、不搞大开发，重点开展禁新建、减存量、关污源、进园区、建新绿、纳统管、强机制七大行动，加快推进长江（安徽）经济带绿化、美化、生态化。

6月28日 省委、省政府印发《关于全面深化新时代教师队伍建设改革的实施意见》。

同日 省政府办公厅印发《关于改革完善全科医生培养与使用激励机制的实施意见》。

7月2日 省政府印发《支持机器人产业发展若干政策》。5日，省政府办公厅印发《安徽省机器人产业发展规划（2018—2027年）》。

7月3日 省政府办公厅印发《关于做好证明事项清理工作的通知》。年底前，清理工作基本完成，共取消本省设定证明事项262项。

7月4日 安徽省命名首届生态文明建设示范县（区），当涂县、芜湖县、泾县、宁国市等九县（市、区）上榜。

7月5日 省政府印发《安徽省划转部分国有资本充实社保基金实施方案》，划转比例统一为企业国有股权的10%。

7月6日 全省生态环境保护大会召开，强调要以更高站位、更实举措、更大力度打好污染防治攻坚战，着力打造生态文明建设的安徽样板。16 日，省委、省政府印发《关于全面加强生态环境保护坚决打好污染防治攻坚战的实施意见》。

7 月 9 日 省政府印发《支持现代医疗和医药产业发展若干政策》。

7 月 13 日 省政府印发《关于进一步加强基础科学研究的实施意见》。

7 月 19 日 马钢集团 160 件时速 320 公里高速车轮运抵德国。这是中国制造的高速车轮首次出口海外。

7 月 20 日 省委、省政府印发《关于进一步加强耕地保护和改进占补平衡的实施意见》，要求牢牢守住耕地红线，确保实有耕地数量基本稳定，到 2020 年，全省耕地保有量不少于 8736 万亩，永久基本农田保护面积不少于 7378 万亩，建成高标准农田 4670 万亩，稳步提高粮食综合生产能力。

同日 全省打赢脱贫攻坚战三年行动部署会暨扶贫开发工作"重精准、补短板、促攻坚"专项行动推进会召开，强调要咬定总攻目标，紧扣"两个确保"，聚焦深度贫困地区、特殊困难群体、相对贫困区域，精准发力，补齐突出短板，确保实现年度战役连战连捷，坚决夺取三年脱贫攻坚战全面胜利。8 月 16 日，省委、省政府印发《关于打赢脱贫攻坚战三年行动的实施意见》。

7 月 25 日 省委印发《贯彻〈中国共产党党内功勋荣誉表彰条例〉实施办法》。8 月 10 日，省委、省政府印发《贯彻〈国家功勋荣誉表彰条例〉实施办法》。

同日 黄山入选世界生物圈保护区，这是安徽省首个世界生物圈保护区。

7 月 27 日 省委印发《关于在全省县处级以上领导班子和领导

干部中开展"三查三问"的指导意见（试行）》。

同日 省委、省政府印发《关于加快建设"数字江淮"的指导意见》。10月23日，省政府印发《支持数字经济发展若干政策》。2020年6月3日，省加快建设"数字江淮"工作领导小组印发《"数字江淮"建设总体规划（2020—2025年)》。

同日 省委、省政府印发《关于进一步做好新时代退役军人服务管理工作的意见》。

8月1日 省委部署以"五访五促""五查五推"为主要内容，在全省范围内开展五级书记遍访贫困对象推进乡村振兴行动。

8月4日 省政府办公厅印发《安徽省进一步压缩企业开办时间实施方案》，明确年底前将全省企业开办环节压减为设立登记、公章刻制、发票申领三个环节，开办时间压缩至三个工作日以内。

8月8日 经省政府批准，岳西县、谯城区、怀远县、蒙城县退出贫困县（区）序列，成为全省首批脱贫摘帽县（区）。

8月11日 第七届鲁迅文学奖获奖名单揭晓，陈先发的诗集《九章》获诗歌奖，这是安徽作家继获得首届鲁迅文学奖后再次荣获该项文学大奖。

8月27日 省委、省政府印发《关于实施新时代"江淮英才计划"全面夯实创新发展人才基础的若干意见》。

9月7日 合肥空港保税物流中心（B型）封关运营，这是安徽省首个空港型保税物流中心。

同日 省政府办公厅印发《安徽省深化科技奖励制度改革方案》，明确从2019年起，依法启动科技奖励制度改革。

9月12日 省委办公厅印发《贯彻落实党中央重大决策部署不力责任追究办法（试行)》。

9月17日 华米科技在北京发布全球智能可穿戴领域第一颗人

工智能芯片——"黄山 1 号"。

9 月 18 日　省委书记领衔督办省政协"全力推进我省深度贫困地区精准脱贫"重点提案办理协商会召开。这是安徽省首次由省委书记领衔督办省政协重点提案。

9 月 25 日　全省宣传思想工作会议召开,强调要坚定地承担起举旗帜、聚民心、育新人、兴文化、展形象的使命任务。

9 月 27 日　省政府印发《安徽省打赢蓝天保卫战三年行动计划实施方案》,对未来三年大气污染防治工作进行系统部署。2020 年,全省 16 个省辖市空气质量平均优良天数达标率为 82.9%;全省 $PM_{2.5}$ 年均浓度为 39 微克 / 米 ^{3},PM_{10} 浓度首次达到国家二级标准,均为历史最佳监测纪录;国考断面实现劣 V 类清零,长江流域国考断面水质优良达标率为 90%,创国家考核以来最好纪录。

同日　省政府印发《关于建立残疾儿童康复救助制度的实施意见》,明确自 2018 年 10 月 1 日起全面实施残疾儿童康复救助制度。

9 月 29 日　省委办公厅、省政府办公厅印发《关于深入贯彻落实中央政治局会议精神切实抓好全省"六稳"落实工作的通知》,就做好稳就业、稳金融、稳外贸、稳外资、稳投资、稳预期分别作出部署安排。2020 年 5 月 14 日,省委办公厅、省政府办公厅印发《关于深入贯彻落实中央政治局会议精神扎实做好全省"六稳"工作全面落实"六保"任务的通知》;25 日,省政府办公厅发布扎实做好全省"六稳"工作、全面落实"六保"任务 50 项政策措施。

9 月 30 日　省政府印发《加快发展现代服务业若干政策》。

10 月 9 日　合肥滨湖科学城(合肥滨湖新区)成立暨安徽省大院大所合作科技对接会举行。400 多项重大科技成果亮相对接会,71 项对接成功并签约。

10 月 18 日—11 月 30 日　中央第十一巡视组对安徽省开展脱贫

攻坚专项巡视。2019年1月20日，中央巡视组向安徽省委反馈巡视意见；5月17日，省委公开脱贫攻坚专项巡视整改进展情况。

10月22日 省委十届八次全会召开，深入学习贯彻习近平总书记关于深化党和国家机构改革的重要论述，审议通过《安徽省省级机构改革实施意见》。23日，省委、省政府印发该《实施意见》。改革后，安徽省级党政机构共设置60个。11月28日，新组建省级机构集中挂牌全面完成。

10月23日 省政府印发《支持集成电路产业加快创新发展若干政策》。

10月24日 首届世界声博会在合肥开幕，主题为"智汇世界·声动未来"。这是全球首个以开发者为受众的人工智能全生态盛会。

10月25日 黄山市加入杭州都市圈合作发展协调会，成为杭州都市圈唯一的外省城市。12月25日，黄杭高铁开通运营。

10月30日 沪、苏、浙、皖三省一市共同签署《长三角地区加快构建区域创新共同体战略合作协议》。

11月5日—10日 首届中国国际进口博览会在上海举行。习近平总书记宣布支持长江三角洲区域一体化发展并上升为国家战略。2019年5月30日，中共中央、国务院印发《长江三角洲区域一体化发展规划纲要》，明确安徽全域纳入长三角。7月15日，省委十届九次全会审议通过《安徽省实施长江三角洲区域一体化发展规划纲要行动计划》。7月27日，省委、省政府印发该《行动计划》。

11月6日 省委召开学习贯彻习近平总书记重要讲话精神大力支持民营企业发展座谈会，强调坚持"两个毫不动摇"，大力支持民营企业发展，推动民营经济走向更加广阔的舞台。24日，省委、省政府印发《关于大力促进民营经济发展的若干意见》。

11月14日 省政府印发《安徽省深入推进审批服务便民化工作方案》，要求积极打造"宽进、快办、严管、便民、公开"的审批服务模式，切实优化办事创业和营商环境。

11月19日 省政府办公厅印发《安徽省行政机关负责人行政诉讼出庭应诉工作规定》，明确13种行政诉讼案件行政机关负责人必须出庭应诉。至2021年6月，全省行政机关负责人出庭应诉率达100%。

11月23日 省十三届人大常委会第六次会议通过《关于支持和保障长三角地区更高质量一体化发展的决定》，自2019年1月1日起施行。

同日 省政府印发《关于持续增加城镇居民收入的意见》，围绕增加工资性收入、经营净收入、财产净收入、转移净收入提出20条政策措施，确保实现到2020年城镇居民人均收入比2010年翻一番以上。

11月27日 省委、省政府印发《关于进一步加强大别山等革命老区脱贫攻坚的实施意见》。

11月29日 省委办公厅、省政府办公厅印发《关于市县机构改革的总体意见》，部署开展市县机构改革。2019年3月，全省市县机构改革全面完成。

11月30日 省政府办公厅印发《巢湖综合治理攻坚战实施方案》，打响巢湖综合治理攻坚战。

12月6日 国内首款完全自主知识产权的量子计算机控制系统在合肥诞生。2021年2月8日，首款国产量子计算机操作系统——"本源司南"在合肥发布。

12月21日 合肥、蚌埠、阜阳、芜湖、安庆五市入选国家物流枢纽承载城市，入选数量居中部省份前列，标志着安徽在全国物流业发展中的战略地位进一步提升。

12 月 22 日　省政府办公厅印发《安徽省县域特色产业集群（基地）建设方案》，启动县域特色产业集群（基地）建设。2019 年 11 月和 2020 年 12 月，省政府分别认定 27 家和 21 家县域特色产业集群（基地）。

12 月 25 日　省政府办公厅印发《关于推进城际铁路建设的通知》，提出到 2025 年全省城际铁路运营里程达到 500 公里的发展目标。

12 月 27 日　维信诺（合肥）第六代全柔 AMOLED 生产线开工建设。2020 年 12 月 7 日，该生产线成功点亮。这是安徽省首条全柔 AMOLED 生产线。

12 月 28 日　省委常委会会议强调，要从树牢"四个意识"、坚决做到"两个维护"的高度，深刻认识习近平总书记重要指示批示是政治要件、政治督办件，始终把贯彻落实好习近平总书记重要指示批示作为重大政治责任和必须完成的重大政治任务，做到第一时间传达学习、第一时间贯彻落实。2020 年 10 月 22 日，省委印发《关于贯彻落实习近平总书记重要指示批示若干规定》。

二〇一九年

1月1日　巢湖渔业生态市级保护区开始实行永久全年禁渔。自2020年1月1日起，巢湖湖区实施全面禁捕，禁捕期暂定为10年。

1月7日　省政府印发《关于促进天然气协调稳定发展的实施意见》，提出要加快产供销体系建设，把天然气培育成为安徽省主体能源。

1月10日—11日　全国林业和草原工作会议在合肥召开，安徽省作题为《推深做实林长制改革倾力打造生态文明建设安徽样板》的典型经验交流。

1月18日　省政府印发《关于精简调整一批行政权力事项的通知》。调整后，安徽省级行政权力事项为1406项。12月12日，省政府调整公布省级政府权责清单目录（2019年版），安徽省级权力事项减少至1343项，为全国最少。

1月31日　省委、省政府印发《关于坚持农业农村优先发展做好"三农"工作的实施意见》。

2月1日　《黄山市促进美丽乡村建设办法》正式施行。这是全国首部促进美丽乡村建设的地方专项立法。

2月3日　省委印发《关于坚持"三严三实"整治形式主义官僚主义突出问题的意见》。8月22日，省委印发《关于力戒形式主义官僚主义若干规定》。

同日　省委办公厅印发《关于开展"严规矩、强监督、转作风"

集中整治形式主义官僚主义专项行动实施方案》。专项行动为期三个月，以中央脱贫攻坚专项巡视反馈意见整改为重点。

2月11日 省政府印发《关于坚持生态优先绿色发展切实加强自然保护区管理的意见》。

2月14日—15日 全省领导干部坚持底线思维着力防范化解重大风险专题培训班举办。

2月22日 省政府办公厅印发《关于促进全省开发区规范管理的通知》。

2月23日 省政府办公厅印发《关于建立完善长效监管机制促进设施农业健康发展的意见》，要求加强设施农用地管理，严守农地姓农这条底线，坚决遏制农地非农化。

2月27日 安徽省首个5G超高清视频应用试验站点在安徽广播电视台通过超高清传输测试并成功开通，标志着安徽省首个省级5G新媒体平台建设取得重要突破。

3月8日 省政府印发《关于改革国有企业工资决定机制的实施意见》，提出改革国有企业工资总额决定机制和工资总额管理方式，建立健全与劳动力市场基本适应、与国有企业经济效益和劳动生产率挂钩的工资决定和正常增长机制。

3月19日 省委办公厅印发《"基层减负年"工作举措》。2020年、2021年，省委办公厅连续出台解决形式主义突出问题、改进作风的举措，持续为基层减负。

3月22日 省委办公厅、省政府办公厅印发《关于加强和改进生活无着的流浪乞讨人员救助管理工作的实施意见》。

3月23日 安徽电信智能宽带发布暨5G示范应用启动会举行，标志着安徽信息通信基础设施建设开启新篇章。2020年3月27日，省政府印发《支持5G发展若干政策》。截至2020年年底，全省累计建成 5G 基站 30547 个。

3 月 28 日 《中国政府透明度指数报告（2018）》公布，安徽位居省级政府榜单第一名。

3 月 29 日 省政府办公厅印发《安徽省智慧学校建设总体规划（2018—2022 年）》。4 月 17 日，全省智慧学校建设现场推进会在金寨县召开，强调要压茬推进智慧学校建设，以四年为期，实现智慧学校全覆盖。

4 月 1 日 长江安徽段生态环境"大保护大治理大修复、强化生态优先绿色发展理念落实"专项攻坚行动动员会召开，部署从 4 月起利用半年左右时间，在长江安徽段开展"三大一强"专项攻坚行动，解决生态环境突出问题。

4 月 8 日—5 月 8 日 中央扫黑除恶第十四督导组对安徽省扫黑除恶专项斗争工作情况进行督导。6 月 14 日，督导组向安徽省反馈督导情况，肯定安徽扫黑除恶专项斗争取得了位居全国"第一方阵"的成绩。

4 月 17 日 联合国教科文组织批准九华山地质公园列入世界地质公园网络名录。至此，安徽有黄山、天柱山和九华山三处世界地质公园。

同日 沪、苏、浙、皖三省一市签署《长三角地区消费者权益保护委员会消费维权一体化合作协议》，全力打造长三角消费者权益保护示范区。

4 月 18 日 全省教育大会召开。6 月 12 日，省委、省政府印发《安徽教育现代化 2035》，部署面向教育现代化的十大战略任务。至 2020 年，安徽学前教育毛入园率达到 94.9%、九年义务教育巩固率达 95.5%、高中阶段毛入学率达 92.3%、高等教育毛入学率保持在 50% 以上，全省教育事业主要指标已达到或超过全国平均水平。

同日　全省学校思想政治理论课教师座谈会召开，强调要全面贯彻党的教育方针，落实立德树人的根本任务，理直气壮办好思政课。

4月22日　省政府印发《关于推进重大新兴产业基地高质量发展若干措施的通知》，加快打造全国重要的战略性新兴产业基地。

同日　省委办公厅、省政府办公厅印发《安徽省"比创新、比创业、比创造、增动能"专项行动实施方案》，决定2019年、2020年连续两年在全省开展"三比一增"专项行动，重点开展高新技术企业加速成长、促进民营经济发展、企业家培育、重大项目提升、创优营商环境提升5个专项行动。

4月24日　全国首座以创新为主题的场馆——安徽创新馆开馆，安徽科技创新成果转化交易会同步举办，百项大院大所合作科技成果对接签约。

同日　安徽省区域性股权市场科技创新专板开板，首批787家科创企业集体挂牌。

4月25日　省委召开解决"两不愁三保障"突出问题和深入整治扶贫领域形式主义官僚主义、持续开展"重精准、补短板、促攻坚"专项行动工作推进会，强调要以一鼓作气、越战越勇的精神，全面如期打赢脱贫攻坚战。

4月26日　省委组织部、省扶贫办等九部门联合印发《安徽省脱贫攻坚一线干部激励关怀办法》。

4月29日　省政府批复同意颍上县、寿县、潜山市等18个县（市、区）退出贫困县序列。

4月30日　省政府办公厅印发《关于深入开展消费扶贫助力打赢脱贫攻坚战的实施意见》。

5月8日　安徽省被确立为全国农村集体产权制度改革整省试点单位。到2020年10月底，试点任务基本完成，共清查核实农村集体资产 1411.4 亿元，集体土地 1.7 亿亩，确认集体成员 5000 多万人，做到应确尽确。

同日 省委办公厅、省政府办公厅印发《关于全面深入持久开展民族团结进步创建工作铸牢中华民族共同体意识实施方案》，部署深入开展民族团结进步宣传教育和创建工作。

5 月 16 日 省政府办公厅印发《关于推进紧密型县域医共体建设的意见》。截至 2020 年年底，全省紧密型县域医共体实现了全覆盖，县域内就诊率超过 83%。

同日 安徽省决定从 7 月 1 日起，以市为单位施行全省统一的城乡居民基本医保和大病保险保障待遇政策，普通门诊医药费报销比例为 55%，住院报销比例最高达 85%，大病保险封顶线 20 万 ~30 万元。

5 月 22 日—23 日 2019 年长三角地区主要领导座谈会在芜湖举行。会议以"共筑强劲活跃增长极"为主题。第一届长三角一体化发展高层论坛同期举行。

5 月 26 日 省政府印发《关于促进全域旅游发展加快旅游强省建设的实施意见》。同日，省政府办公厅印发《关于促进全域旅游发展加快旅游强省建设若干政策的通知》。到"十三五"末，全省旅游业占生产总值比重达到 5.47%，高于全国平均水平，创新型旅游强省建设迈出坚实步伐。

5 月 31 日 省国资委与中国宝武钢铁集团签署协议，将其持有的马钢集团 51% 股权无偿划转至中国宝武。9 月 19 日，中国宝武与马钢集团签署重组实施协议。

6 月 1 日 省政府印发《关于在市场监管领域全面推行部门联合"双随机、一公开"监管的实施意见》，提出到 2020 年年底，实现全省市场监管领域相关部门"双随机、一公开"监管全覆盖，各级政府相关部门在市场监管领域联合"双随机、一公开"监管常态化，力争三到五年内实现综合监管、智慧监管。

6月5日 省政府办公厅印发《支持科技型初创企业发展若干政策》，支持成立不超过三年且实施自主知识产权科技成果转化的小微企业发展。

6月9日 省委印发《关于开展"不忘初心、牢记使命"主题教育的实施意见》。2019年6月至2020年1月，全省分两批开展"不忘初心、牢记使命"主题教育，总要求是守初心、担使命，找差距、抓落实；根本任务是深入学习贯彻习近平新时代中国特色社会主义思想，锤炼忠诚干净担当的政治品格，团结带领全省人民为实现伟大梦想共同奋斗；具体目标是理论学习有收获、思想政治受洗礼、干事创业敢担当、为民服务解难题、清正廉洁作表率。

6月18日 省委召开"三个以案"警示教育专题会议，要求以阜阳市脱贫攻坚中的形式主义官僚主义等突出问题为反面教材，深入开展"以案示警、以案为戒、以案促改"警示教育。

同日 我国首条8.5代TFT-LCD玻璃基板生产线在蚌埠点火。9月18日，首片玻璃基板下线，标志着我国成为继美国、日本之后全球第三个掌握高世代TFT-LCD玻璃基板生产技术的国家。

6月18日—19日 首届徽学学术大会在合肥举行，主题为"新时代·新徽学：徽文化的守正与创新"。

6月23日 省政府办公厅印发《加快发展智慧养老若干政策》。

7月22日 2019年世界500强企业排行榜发布，安徽省海螺集团和铜陵有色金属集团上榜。这是安徽本土企业首次跻身世界500强企业行列。

同日 省政府办公厅印发《关于实施农产品加工业"五个一批"工程的意见》，提出在全省发展一批农产品加工强县（市、区），建设一批农产品加工强园，打造一批农产品加工领军企业，引进一批知名大型农产品加工企业，培育一批有影响力的农产品品牌，促进乡村产业振兴。

8月1日 省政府印发《关于进一步加强城市精细化管理工作的指导意见》，提出完善城市功能，优化管理服务，改善人居环境，提升治理能力的目标要求。

8月3日 安徽运动员孟红莲在第十四届全国冬运会滑轮比赛中夺得女子4×5公里接力比赛冠军。这是安徽运动员参加全国冬运会获得的首枚金牌，实现了历史性突破。

9月2日 省政府办公厅印发《进一步推深做实新安江流域生态补偿机制的实施意见》，部署实施水资源和生态环境保护治理十大工程，确保到2021年新安江流域水资源与生态环境保护等主要指标持续保持全国先进水平。

9月10日 省委印发《贯彻落实〈中共中央关于加强党的政治建设的意见〉重点工作举措》，从坚定政治信仰、坚持党的政治领导、提高政治能力、净化政治生态四个方面提出19条举措。

9月17日 省委、省政府印发《关于建立健全城乡融合发展体制机制和政策体系的若干措施》，提出推动城乡要素自由流动均衡配置、促进城乡基本公共服务均等化普惠化便捷化、推进城乡基础设施统一规划建设和管护、提升城乡区域发展质量和效益、促进农民增收渠道多元化稳定化，到2022年初步建立城乡融合发展体制机制。

9月18日 首届"墨子量子奖"颁奖典礼在合肥举行，中国科学技术大学潘建伟院士等12位中外科学家荣获该奖项。

9月20日 2019年世界制造业大会在合肥开幕，习近平致贺信。习近平指出，当前，全球制造业正经历深刻变革，各国需要加强合作、互学互鉴，共同把握新一轮科技和产业革命机遇，增强制造业技术创新能力，推动制造业质量变革、效率变革、动力变革。习近平强调，中国高度重视制造业发展，坚持创新驱动发展战略，把推动制造业高质量发展作为构建现代化经济体系的重要一环。中方愿同各方一道，推动制造业新技术蓬勃发展，为促进全球制造业高质量发展、实现共享共赢作出积极贡献。

9 月 24 日　农业农村部公布第九批全国"一村一品"示范村镇名单，安徽省 17 个村镇入选。至此，全省"一村一品"全国示范单位总数达 119 个。

9 月 25 日　全国"最美奋斗者"表彰大会在北京举行，安徽省 6 名个人、1 个集体受到表彰。

9 月 27 日　第七届全国民族团结进步表彰大会在北京举行，对 2014 年以来为民族团结进步事业作出突出贡献的模范集体和模范个人进行表彰，安徽省 9 个集体和 13 名个人获表彰。

9 月　安徽合肥新型显示器件、集成电路、人工智能和铜陵先进结构材料（铜基新材料）四个产业集群入选国家首批战略性新兴产业集群。

10 月 8 日　全省落实长三角一体化发展战略深入推进县域实施"五大发展行动计划"视频交流调度会召开，强调要抢抓长三角一体化发展战略机遇，因地制宜、各扬所长，着力推动新一轮县域经济高质量发展。

10 月 15 日　长三角城市经济协调会第十九次会议在芜湖召开。会议审议通过关于吸纳蚌埠、黄山、六安、淮北、宿州、亳州、阜阳 7 个城市加入长三角城市经济协调会的提案。至此，全省 16 个地级市全部加入长三角城市经济协调会。会上，41 个成员城市共同发布《长三角城市合作芜湖宣言》。

10 月 17 日　科技部函复省政府，支持合肥市建设国家新一代人工智能创新发展试验区。

10 月 22 日—24 日 安徽省党政代表团在上海、浙江、江苏开展学习考察和项目对接，并与三省市分别召开推动长三角一体化发展合作座谈会。25 日，考察对接活动总结交流会在合肥召开。

10 月 23 日 中宣部向全社会宣传发布李夏的先进事迹，追授他"时代楷模"称号。至此，全省有高思杰、张劼、郝井文、李夏四位"时代楷模"。

10 月 31 日 省政府印发《关于加强城镇基础设施建设的实施意见》。

11 月 12 日 长江经济带生态环境突出问题整改现场会暨推动长江经济带发展领导小组全体会议在马鞍山市召开，总结长江经济带生态环境突出问题整改情况，研究部署下一阶段工作。

11 月 16 日 淮河能源控股集团揭牌，标志着具有百年历史的淮南煤矿正式迈进淮河能源时代。

11 月 22 日 安徽省通过国家消除疟疾终审评估，提前一年实现消除疟疾工作目标。

11 月 22 日—24 日 首届世界显示产业大会在合肥举办。大会主题是"显示美好生活"。这是国内首次举办平板显示行业全球性专业会展。2020 年 11 月、2021 年 6 月，第二届、第三届世界显示产业大会相继在合肥举办。

12 月 1 日 商合杭高铁合肥至商丘段、郑阜高铁开通运营，皖北的阜阳、亳州两市迈入高铁时代，安徽实现 16 个省辖市全部通高铁。2020 年 6 月 28 日，商合杭高铁合肥至杭州段开通运营，标志着商合杭高铁全线贯通。

12 月 6 日 泗县、天长市、金寨县、当涂县、宁国市、黟县被确立为全国乡村治理体系建设首批试点单位，试点期至 2021 年 12 月底。

12 月 12 日 省政府办公厅印发《安徽省加强和规范事中事后监管计划任务清单》，包括 17 条 63 项计划任务。

同日 本源量子计算产业联盟 OQIA 揭牌仪式在合肥举行。这是国内首个量子计算产业联盟，标志着中国量子计算产业进入实质性发展阶段。

12 月 14 日—15 日 首届淮河文化论坛在寿县举办，主题是"淮河文化的时代价值"。

12 月 15 日 安庆市望江县天河村卫生室开诊，标志着安徽省全面消除村卫生室"空白点"，实现村级医疗卫生服务全覆盖。

12 月 16 日—17 日 省委十届十次全会召开，审议通过《中共安徽省委关于深入贯彻〈中共中央关于坚持和完善中国特色社会主义制度推进国家治理体系和治理能力现代化若干重大问题的决定〉的实施意见》。

12 月 19 日 安徽中医药大学雅典中医药中心开业。这是我国在希腊建立的第一个中医药中心，也是安徽省第一个海外中医药中心。

12 月 23 日 省政府办公厅印发《关于加快发展流通促进商业消费若干措施》。

12 月 28 日 省政府办公厅印发《安徽省民航业发展战略规划（2019—2035 年）》。

12 月 30 日 《安徽省实施〈优化营商环境条例〉办法》公布，自 2020 年 1 月 1 日起施行。至"十三五"末，全省市场主体增加到587.82 万户，比"十二五"末增长 113%。

12 月 31 日 合肥综合性国家科学中心能源研究院、人工智能研究院启动运行。

二〇二〇年

1月1日　长江干流（安徽段）及其重要支流内的水生生物保护区全面禁止生产性捕捞。自2021年1月1日起，长江干流（安徽段）及其重要支流全面实施十年禁捕。

1月6日　省委召开专题会议，深入学习贯彻习近平总书记推动长江经济带发展座谈会重要讲话精神，研究部署建设环巢湖十大湿地保护与修复工程和合肥骆岗中央公园，要求把环巢湖十大湿地建设成为巢湖新一轮综合治理的标志工程。

1月20日　安徽省新冠肺炎疫情防控工作正式启动。22日，合肥市报告全省首例新冠肺炎确诊病例。23日，省委常委会会议暨省委、省政府疫情防控工作联席会议召开，研究部署疫情防控工作。24日，安徽省启动重大公共卫生事件一级响应。至年底，全省累计报告本地确诊病例991例，治愈985例，治愈率达99.4%。

1月21日　省政府办公厅印发《加快推进粮食产业高质量发展行动计划》，决定实施九大行动，推进粮食产业高质量发展，提升粮食安全保障能力。

1月27日　安徽省首批援鄂抗疫医疗队出征仪式举行。安徽先后组派8批1362名医疗和疾控队员支援湖北，累计救治患者3156人。

2月9日　省十三届人大常委会第十六次会议审议通过《关于依法全力做好当前新型冠状病毒肺炎疫情防控工作的决定》，并于当天公布施行。3月5日，省人大常委会出台《关于依法做好多元化解疫情防控和复工复产中矛盾纠纷工作的意见》。

2月13日 省政府召开全省工业企业复工复产电视电话会议，部署在严格做好疫情防控工作的前提下，有序推动工业企业复工复产。

2月22日 省委、省政府印发《关于抓好"三农"领域重点工作确保如期实现全面小康的实施意见》，部署35项重点工作，确保脱贫攻坚战圆满收官，农村同步全面建成小康社会。

3月3日 由中国科学技术大学联合攻关团队开展的"单克隆抗体药物托珠单抗＋常规治疗"免疫治疗方案被列入《新型冠状病毒肺炎诊疗方案（试行第七版)》，向全国推广。

3月9日 省委办公厅、省政府办公厅印发《关于决战决胜脱贫攻坚"抗疫情、补短板、促攻坚"的实施意见》，聚焦剩余8.7万贫困人口脱贫，部署开展决战决胜脱贫攻坚"抗补促"专项行动，确保如期高质量完成脱贫攻坚目标任务。

3月10日 安徽医科大学、中国科学院合肥物质科学研究院、省疾病预防控制中心签约联合共建安徽省重大传染病综合研究中心。

3月14日 省委办公厅、省政府办公厅印发《关于加快推进公共法律服务体系建设的实施意见》。

3月17日 省政府办公厅印发《关于加快推进高速公路建设促进长三角一体化发展的通知》，提出到2021年实现省内所有县城通高速公路。

3月24日 中央脱贫攻坚专项巡视"回头看"和脱贫攻坚成效考核反馈问题整改动员部署会召开，要求打一场"354+N"突出问题整改歼灭战，确保三个月内高质量完成各类问题整改。

3月27日 省委、省政府印发《安徽省深化基础教育改革全面提高育人质量行动计划》。

4月3日　全省深化"三个以案"警示教育动员部署会召开,部署在全省县处级以上领导干部中深入开展以"四联四增"为主要内容的深化"以案示警、以案为戒、以案促改"警示教育。

4月8日　全省深化"一抓双促"工程决战决胜脱贫攻坚电视电话会议召开,强调要发挥组织优势,扎实开展"扛责任、强保障、促攻坚"行动,坚决夺取脱贫攻坚战全面胜利。

4月29日　省十三届人大常委会第十八次会议通过关于修改《安徽省实施〈中华人民共和国村民委员会组织法〉办法》等三件法规的决定。全省村(居)民委员会任期由三年改为五年。

同日　萧县、临泉县、阜南县等9个县(市、区)退出贫困县序列。至此,全省31个贫困县全部脱贫摘帽。

4月30日　省政府办公厅印发《关于加强长三角绿色农产品生产加工供应基地建设的实施意见》,启动实施长三角绿色农产品生产加工供应基地建设"158"行动计划,通过开展"一县一业(特)"全产业链创建,力争到2025年,每个县(市、区)至少重点培育1个优势主导产业全产业链,建设一批优势特色产业集群;全省建立长三角绿色农产品生产类、加工类、供应类示范基地500个;面向沪、苏、浙地区的农副产品和农副产品加工品年销售额达到8000亿元。

5月1日　省委印发《省委全面从严治党主体责任清单》。同日,省委办公厅印发《省委开展党内政治监督谈话办法(试行)》,在全国省级党委中率先探索实行党内政治监督谈话制度。

5月29日　省委办公厅、省政府办公厅印发《安徽省做好稳外贸工作推进贸易高质量发展若干措施》,从保主体、拓市场、畅通道等方面提出15条措施,全力推进贸易高质量发展。2020年,全省实现外贸进出口总值5406.4亿元,创年度历史新高。

同日　省政府办公厅印发《关于切实加强高标准农田建设提升国

家粮食安全保障能力的实施意见》，提出构建统一高效农田建设管理体制，创新农田建设管理机制，到2022年建成5470万亩高标准农田。

6月15日　省委、省政府印发《关于贯彻〈交通强国建设纲要〉的实施意见》。

6月16日　省委、省政府印发《安徽省贯彻落实〈国家积极应对人口老龄化中长期规划〉实施方案》。

6月29日　省政府印发《关于加快实施"三线一单"生态环境分区管控的通知》，要求加快建立以生态保护红线、环境质量底线、资源利用上线和生态环境准入清单"三线一单"为核心的生态环境分区管控体系。

同日　省政府办公厅印发《关于促进线上经济发展的意见》，明确智能制造、在线新零售、在线教育、在线医疗等11个重点发展领域，到2025年，使线上经济成为支撑全省高质量发展的新引擎。

6月—7月　安徽发生严重汛情，长江、淮河、巢湖同时告急。省委、省政府把确保人民生命安全摆在第一位，及时启动防汛Ⅰ级应急响应，全面展开"三线作战"。经过全省党政军民的英勇奋战，夺取了抗洪抢险斗争的全面胜利。2021年1月7日，安徽省举行防汛救灾表彰大会，表彰450名防汛救灾先进个人和150个先进集体。

7月1日　省十三届人大常委会第十九次会议通过《安徽省公共文化服务保障条例》。

7月22日　省委、省政府印发《关于促进中医药传承创新发展具体举措》。

7月23日　省委办公厅、省政府办公厅印发《关于强化知识产权保护若干举措》。8月5日，国家知识产权局批复同意建设中国（合肥）知识产权保护中心。这是安徽首个知识产权保护中心。

7月31日　省委办公厅、省政府办公厅印发《关于着力解决因灾致贫返贫问题切实巩固脱贫攻坚成果的若干意见》。8月10日，省委办公厅、省政府办公厅印发《关于全力抓好灾后重建"四启动一建设"工作的意见》，部署灾后恢复重建工作。

7月 安徽省实施乡村振兴战略考核结果首次公布，全省47个市、县（市、区）和18个省直单位2019年度考核结果为优秀。2021年5月，62个市（县、区）、16个省直单位获2020年度考核优秀单位。

8月1日 中国超级供体干细胞库建设成果在合肥发布。这是我国首个超级供体干细胞库，已成功制备储存12个超级供体的多能干细胞株，可覆盖2亿中国人群。

8月17日 省委宣传部、省文明办等八部门联合发布《制止餐饮浪费培养节约习惯》倡议书，在全社会营造浪费可耻、节约为荣的浓厚氛围。

8月18日—21日 习近平先后到阜阳、马鞍山、合肥等地，看望慰问受灾群众和防汛救灾一线人员，就统筹推进常态化疫情防控和经济社会发展工作、加强防汛救灾和灾后恢复重建、推进长三角一体化发展、谋划"十四五"时期经济社会发展进行调研。20日和21日，习近平在合肥听取军队参与防汛救灾情况汇报、主持召开扎实推进长三角一体化发展座谈会和听取省委、省政府工作汇报，并分别发表重要讲话。考察期间，习近平总书记对安徽提出强化"两个坚持"（坚持改革开放、坚持高质量发展）、实现"两个更大"（在构建以国内大循环为主体、国内国际双循环相互促进的新发展格局中实现更大作为，在加快建设美好安徽上取得新的更大进展）的目标要求。23日和28日，省委印发通知，就认真学习宣传贯彻习近平总书记考察安徽重要讲话以及主持召开扎实推进长三角一体化发展座谈会重要讲话精神作出总体安排，提出明确要求。

8月25日 《安徽省第二次全国污染源普查公报》发布。公报显示，2007 年至 2017 年的十年间，全省工业源主要污染物排放量大幅下降。

同日 中国建材所属凯盛科技集团有限公司柔性可折叠玻璃工业化生产在蚌埠启动，成功打造中国第一、世界领先的首条全国产化超薄柔性玻璃产业链，实现了玻璃新材料领域又一项"卡脖子"关键技术的重大突破。

8 月 30 日 国务院印发《中国（安徽）自由贸易试验区总体方案》。安徽自由贸易试验区实施范围 119.86 平方公里，涵盖合肥、芜湖、蚌埠三个片区。9 月 24 日，中国（安徽）自由贸易试验区揭牌。2021 年 1 月 23 日，省政府印发《中国（安徽）自由贸易试验区专项推进行动计划方案》，部署实施"9+3+N"专项推进行动计划。

9 月 9 日 农业农村部办公厅公布 2020 年中国美丽休闲乡村名单，安徽省 12 个村庄入选。至此，全省中国美丽休闲乡村总数达到 43 个。

9 月 12 日 世界制造业大会江淮线上经济论坛在合肥举办。大会论坛以"线上经济赋能高质量发展"为主题，首次采用线上线下结合形式举办，共签约项目 678 个，投资总额达 6178 亿元。

9 月 20 日 国家量子研究机构在合肥挂牌。

9 月 22 日 省政府办公厅印发《关于推深做实 7×24 小时不打烊"随时办"服务的实施意见》，提出实施"一单、一图、十五办"等创新举措，为企业和群众提供便捷和全覆盖政务服务。

9 月 22 日—23 日 省委十届十一次全会召开，审议通过《中共安徽省委关于深入学习贯彻习近平总书记考察安徽重要讲话指示精神奋力在构建新发展格局中实现更大作为在加快建设美好安徽上取得新的更大进展的决定》。全会明确了贯彻落实习近平总书记考察安徽重要讲话指示精神的目标任务，提出要加快打造具有重要影响力的新兴产业聚集地、科技创新策源地、改革开放新高地和经济社会发展全面绿色转型区。

9 月 24 日 国家发改委印发《促进皖北承接产业转移集聚区建设的若干政策措施》，从完善重大政策、落实重大举措、建设重大平台三个方面提出 24 项政策举措，支持皖北承接产业转移集聚区建设。12 月 19 日，省委办公厅、省政府办公厅印发《皖北承接产业转移集聚区建设实施方案》。

9 月 29 日 省委、省政府印发《贯彻落实〈新时代爱国主义教育实施纲要〉若干措施》。

10 月 8 日 省政府印发《安徽省贯彻落实淮河生态经济带发展规划实施方案》，对推进淮河流域淮北、亳州、宿州、蚌埠、阜阳、淮南、滁州、六安八市生态文明建设和高质量发展，加快构建美丽宜居、充满活力、和谐有序、绿色发展的淮河（安徽）生态经济带作出系统部署。

10 月 10 日—12 月 20 日 按照党中央统一部署，中央第五巡视组对安徽省开展常规巡视。2021 年 2 月 4 日，巡视组向安徽省委反馈巡视意见。

10 月 12 日 省政府办公厅印发《关于加强农业种质资源保护与利用的实施意见》。

10 月 23 日 省委、省政府印发《关于构建更加完善的要素市场化配置体制机制的若干措施》，就推进土地、劳动力、资本、技术、数据等要素市场改革以及加快要素价格市场化改革、健全要素市场运行机制，提出 25 条举措，促进要素自主有序流动，提高要素配置效率。

10 月 24 日 省政府印发《安徽省"数字政府"建设规划（2020—2025 年）》，提出到 2022 年年底建成"线上政府"，到 2025

年底建成"智慧政府"。

10 月 27 日 科技部等六部门联合印发《长三角 G60 科创走廊建设方案》，提出到 2025 年基本建成具有国际影响力的科创走廊。合肥市、芜湖市、宣城市被纳入 G60 科创走廊范围。

10 月 28 日 省委办公厅、省政府办公厅印发《关于构建现代环境治理体系的实施意见》，提出到 2025 年，全省建立健全环境治理的领导责任体系、企业责任体系、全民行动体系、监管体系、市场体系、信用体系和法规政策体系，现代环境治理体系全面形成。

11 月 6 日 省委、省政府印发《关于营造更好发展环境支持民营企业改革发展的实施意见》。2020 年，全省民营经济实现增加值 2.34 万亿元，占生产总值的比重为 60.6%，对经济增长的贡献率达 57.5%。

11 月 10 日 中央文明办公布第六届全国文明城市入选城市名单和复查确认保留荣誉称号的前五届全国文明城市名单，全省有 12 个地级市、7 个县（市）跻身全国文明城市行列。

11 月 13 日 省十三届人大常委会第二十二次会议审查批准《安庆市长江江豚保护条例》，这是全国首部保护长江江豚的地方性法规。2021 年 1 月 19 日，省政府批复同意设立安庆江豚省级自然保护区，总面积 39943.56 公顷，其中核心区 19613.32 公顷，实验区 20330.24 公顷。

11 月 14 日 《中国区域创新能力评价报告（2020）》发布。安徽省区域创新能力排名第八，连续九年位居全国第一方阵。

同日 宿州市 500 千伏埇桥变电站升压工程顺利投运，标志着全省 16 个省辖市实现了 500 千伏变电站全覆盖。

11 月 18 日 安徽省部署自 11 月起至 2021 年 10 月，在全省开展为期一年的农村假冒伪劣食品专项执法行动。全省专项执法行动共查处违法食品案件 10929 件。

11 月 29 日—30 日　2020 年首届中国上市公司发展大会在合肥举办，主题是"中国科技创新与金融创新"。截至 2020 年年底，安徽 A 股上市公司 126 家，居中部地区第一位、全国第九位。

11 月 30 日—12 月 1 日　省委十届十二次全会召开，审议通过《中共安徽省委关于制定国民经济和社会发展第十四个五年规划和二〇三五年远景目标的建议》。全会指出，安徽决胜全面建成小康社会取得了决定性成就。全会强调，要认真贯彻落实习近平总书记考察安徽重要讲话指示精神，科学把握新发展阶段、坚决贯彻新发展理念、服务构建新发展格局，加快打造具有重要影响力的"三地一区"，纵深推进全面从严治党，书写扎实践行"两个坚持"的新篇章，展示奋力实现"两个更大"的新成果，全面开启新阶段现代化美好安徽建设新征程。

11 月　《2020 年全国高素质农民发展报告》发布。报告显示，安徽省高素质农民发展指数居全国第一位。自 2016 年至 2020 年，全省累计培训新型职业农民 23.55 万人，为乡村振兴提供了有力的人才支撑。

12 月 4 日　国际学术期刊《科学》在线发表中国科学技术大学研究团队量子计算研究进展，76 个光子的原型机"九章"问鼎全球最快计算机，使我国成为全球第二个实现"量子优越性"的国家。

12 月 10 日　省委办公厅、省政府办公厅印发《关于贯彻落实习近平总书记在扎实推进长三角一体化发展座谈会上重要讲话精神的意见》。

12 月 11 日　省政府办公厅印发《全面推进城镇老旧小区改造工作实施方案》，明确重点改造 2000 年年底前建成的老旧小区，到"十四五"末实现应改尽改，有条件的市、县力争完成 2005 年年底前建成的城镇老旧小区改造任务。

12 月 20 日　省政府办公厅印发《关于全省开发区"标准地"改革的指导意见》。

12 月 22 日　省委、省政府印发《关于贯彻落实习近平总书记在全面推动长江经济带发展座谈会上重要讲话精神加快建设新阶段现代化美丽长江（安徽）经济带的意见》。

12 月 23 日　黄山、临泉两家农业科技园区入选第九批国家农业科技园区建设。至此，全省国家级农业科技园区总数达到 18 家，实现 16 个市全覆盖。

12 月 24 日　省政府办公厅印发《关于支持多渠道灵活就业的实施意见》，提出 11 条针对性扶持政策措施。

12 月 28 日　新安江流域水排污权交易系统在黄山市正式上线并达成首单，标志着安徽省实施排污权交易制度迈出实质性一步，排污权交易实现"零的突破"。

同日　省政府办公厅印发《安徽省加快推进政务服务"跨省通办"工作方案》，提出 140 项高频政务服务"跨省通办"事项清单。

12 月 30 日　省委、省政府印发《关于新时代加快完善社会主义市场经济体制的实施意见》。

同日　省委办公厅、省政府办公厅印发《安徽省国企改革三年行动实施方案（2020—2022 年）》，启动实施新一轮国企改革。

12 月 31 日　省委、省政府印发《关于深化医疗保障制度改革的实施意见》。

同日　省委、省政府印发《关于加强公共卫生体系建设的意见》。2021 年 1 月 4 日，全省公共卫生体系建设和中医药大会召开，强调要加快构建强大的公共卫生体系，大力推进中医药传承创新发展，着力打造中医药强省，全方位、全周期保障人民健康。

同日　省委办公厅、省政府办公厅印发《关于建立以国家公园为主体的自然保护地体系实施方案》，提出到2035年创建两处国家公园，建成统一、规范、高效，具有安徽特色的自然保护地体系。

　　本年　在党中央的坚强领导下，省委、省政府统筹推进常态化疫情防控、灾后恢复重建和经济社会发展，在大战大考中交出高质量发展的优异答卷。全年粮食总产量达803.8亿斤，实现"十七连丰"。全省生产总值达3.87万亿元，居全国第十一位；比上年增长3.9%，居第四位；人均生产总值达6.1万元，发展格局实现了从"总量居中、人均靠后"向"总量居前、人均居中"的历史性跨越。城镇、农村常住居民年人均可支配收入达39442元、16620元，分别比上年增长5.1%和7.8%，经济发展实现量的合理增长和质的稳步提升。

二〇二一年

1月26日 第十一次中国公民科学素质抽样调查结果发布。2020年安徽省公民具备科学素质的比例达10.8%，居全国第十位，首次超过全国平均水平。

1月 安徽建立全省重点生态功能区域省级林长分工负责制,19位省级领导分别担任19个重点生态功能区域省级林长。

2月2日 国家发改委复函同意南京都市圈发展规划，要求江苏、安徽两省共同推进规划实施。芜湖、马鞍山、滁州、宣城四市全域被纳入南京都市圈规划范围。3月22日，江苏、安徽两省政府联合印发《南京都市圈发展规划》。

同日 省委、省政府印发《关于全面推进乡村振兴加快农业农村现代化的实施意见》《关于加快实现巩固拓展脱贫攻坚成果同乡村振兴有效衔接的实施意见》。

2月10日 省委部署自2月起至5月在全省开展新一轮深化"三个以案"警示教育，要求以学习党史弘扬党的实事求是优良作风为着力点，以整治太和县医疗机构骗保问题等为切入点，与中央第五巡视组巡视安徽省反馈问题整改一体推进。

2月20日 省政府办公厅印发《安徽省防止耕地"非粮化"稳定粮食生产工作方案》，要求落实最严格的耕地保护制度，把有限的耕地资源优先用于粮食生产，切实防止耕地"非粮化"。

2月25日 全国脱贫攻坚总结表彰大会隆重举行，安徽省70名个人、52 个集体受到表彰，金寨县花石乡大湾村获"全国脱贫攻坚楷模"荣誉称号。

同日 省统计局发布安徽省第四次全国经济普查主要数据。至2018 年年末，全省从事第二产业和第三产业活动的法人单位达 81.33万个，资产总计 24.84 万亿元，比 2013 年年末（2013 年是第三次全国经济普查年份）大幅增长。

2 月 26 日 省政府办公厅印发《关于促进旅游民宿发展的指导意见》。

2 月 27 日 全省政法队伍教育整顿动员部署会议强调，要深入贯彻习近平总书记重要指示和训词精神，聚焦党中央确定的目标任务，按照"绝对忠诚、绝对纯洁、绝对可靠"的要求，扎实开展政法队伍教育整顿工作，筑牢政治忠诚、清除害群之马、整治顽瘴痼疾、弘扬英模精神，努力打造一支党和人民信得过、靠得住、能放心的新时代政法铁军。全省政法队伍教育整顿自下而上分两批进行，至 10月底基本结束。

3 月 1 日 《安徽省政务数据资源管理办法》正式施行。6 月 25 日，江淮大数据中心总平台上线运行。

3 月 2 日 省委印发《关于开展党史学习教育的实施意见》，明确要求党员干部做到学史明理、学史增信、学史崇德、学史力行，学党史、悟思想、办实事、开新局。同日，全省党史学习教育动员部署大会召开。党史学习教育贯穿 2021 年全年，面向全省党员，以县处级以上领导干部为重点。

3 月 10 日 由安徽智飞龙科马生物制药有限公司与中国科学院微生物研究所联合研发的全国首款"重组新型冠状病毒疫苗（CHO细胞）"获批在国内紧急使用。这是国际上第一个获批临床使用的新冠病毒重组亚单位蛋白疫苗。

3月16日 省委全面依法治省暨平安安徽建设工作会议召开，强调要深入学习宣传贯彻习近平法治思想，在法治轨道上推进治理体系和治理能力现代化，建设更高水平的法治安徽、平安安徽。

3月25日 安徽省深化新一轮林长制改革暨长江、淮河、江淮运河、新安江生态廊道建设全面启动。4月10日，省政府办公厅印发《关于全面实施长江淮河江淮运河新安江生态廊道建设工程的意见》。

3月26日 省委常委会会议审议通过《关于深入实施创新驱动发展战略加快建设科技创新攻坚力量体系打好关键核心技术攻坚战的意见》《关于促进经济平稳健康发展确保"十四五"开好局起好步的意见》。

同日 省十三届人大常委会第二十六次会议通过《安徽省大数据发展条例》《安徽省人民代表大会常务委员会关于促进和保障长江流域禁捕工作若干问题的决定》。

3月29日 全国扫黑除恶专项斗争总结表彰大会在北京举行，安徽省8个先进集体获表彰。

3月31日 沪、苏、浙、皖三省一市联合发布《长三角湿地保护一体化行动联合宣言》，提出要共同推进湿地生态系统保护，打造长三角湿地保护建设先行示范区。

4月7日 经党中央、国务院批准，中央第三生态环境保护督察组进驻安徽，开展为期一个月的生态环境保护督察。5月4日，省委专题会议研究中央生态环保督察通报和发现问题整改工作，部署开展以"严整改、重质量、促转型"为主要内容的新一轮"三大一强"专项攻坚行动。

同日 省委、省政府印发《关于进一步激发民营企业创业热情成就企业家创意创新创造推进民营经济高质量发展的若干意见》。8

日，安徽省优秀民营企业家和优秀民营企业表彰暨推进"十四五"民营经济高质量发展大会召开，表彰100名优秀民营企业家和100家优秀民营企业，强调要大力实施民营经济上台阶行动计划，加快掀起新一轮民营经济发展热潮。

4月12日 安徽省科学技术奖励暨加快建设科技创新攻坚力量体系推进大会召开。党的十八大以来，安徽共召开7次科学技术奖励大会，先后有14人获安徽省重大科技成就奖。

4月15日 省政府印发《关于促进全省高新技术产业开发区高质量发展的实施意见》。

4月19日 省政府办公厅印发《安徽省农业保险创新发展若干政策》。

4月19日—22日 安徽省党政代表团就深入学习贯彻习近平总书记考察安徽重要讲话指示和关于扎实推进长三角一体化发展的重要讲话指示精神，赴沪、浙、苏开展学习考察和项目对接。24日，学习考察总结交流会在合肥召开。

4月22日 合肥华泰集团股份有限公司发行3亿元乡村振兴债券，期限为两年。这是安徽省发行的首只乡村振兴债券。

4月25日 全国农村集体产权制度改革工作推进会暨农业农村政策与改革工作会议在凤阳县小岗村召开。

4月26日—27日 首届中国（安徽）科技创新成果转化交易会在合肥举办，发布科技创新成果1043项，集中展示科技创新成果487件，直播销售1.4亿元，云签约项目金额282亿元。

4月28日 省住建厅、省财政厅、省民政厅、省扶贫办联合印发《安徽省低收入群体等重点对象住房安全保障工作实施方案》，对保障对象、补助标准、保障方式等作出具体规定，探索建立农村低收入群体住房保障长效机制。

4月30日 芜宣机场建成通航，标志着"翅膀上的安徽"和长三角世界级机场群建设取得新的重大进展。

5月7日 62比特可编程超导量子计算原型机"祖冲之号"在中国科学技术大学研制成功。这是目前公开报道的世界上最大量子比特数的超导量子体系。

5月12日 省委办公厅、省政府办公厅印发《关于深化县域结对帮扶巩固拓展脱贫攻坚成果推进乡村振兴的实施意见》，要求坚持"四个不摘"要求，严格落实脱贫地区过渡期政策，省内20个经济相对发达县（市、区）继续"一对一"帮扶20个乡村振兴重点帮扶县（市、区）。

5月18日 安徽省公布第七次全国人口普查主要数据，截至2020年11月1日零时，全省常住人口共6102.7万人。

5月19日 国家林业和草原局批复宣城市为全国六个林业改革发展综合试点市之一，宣城成为全省唯一一个林业改革发展综合试点市。

5月22日 省政府办公厅印发《关于进一步推进〈优化营商环境条例〉落实落细的若干举措》。

5月24日 教育部、省政府联合印发《推动教育结构优化建设高质量高等教育体系共同行动方案》，部署实施学科水平提升行动、专业产业对接行动、分类发展推进行动、区域功能支撑行动、高端人才引育行动和体制机制创新行动等六大具体行动。

5月26日 省十三届人大常委会第二十七次会议听取省监察委员会关于开展扶贫领域腐败和作风问题专项治理工作情况报告。

5月27日 省委办公厅印发《关于做好第八批选派干部到村任职工作的通知》。全省共选派驻村干部9840人、驻村工作队3332支。

同日 沪、苏、浙、皖签署《长三角自贸试验区一体化发展备忘录》，标志着长三角深化自贸试验区跨省域联动发展在全国率先迈出第一步。

5月28日　安徽省脱贫攻坚总结表彰暨巩固拓展脱贫攻坚成果同乡村振兴有效衔接工作推进大会召开。大会指出，安徽脱贫攻坚交出了一份中央放心、人民满意、可载入安徽发展史册的高分答卷，全省建档立卡484万贫困人口全部脱贫，3000个贫困村全部出列，31个贫困县全部摘帽，大别山等革命老区、皖北地区和沿淮行蓄洪区区域性整体贫困问题彻底解决。大会对脱贫攻坚战中涌现出来的1010名先进个人和610个先进集体进行了表彰。当日，安徽省乡村振兴局挂牌成立。至6月10日，全省16个市和104个县（市、区）乡村振兴局全部完成挂牌。

同日　省十三届人大常委会第二十七次会议通过《安徽省林长制条例》，这是全国首部省级林长制法规。会议还通过《安徽创新型省份建设促进条例》。

同日　全超导托卡马克核聚变实验装置实现可重复的1.2亿摄氏度101秒和1.6亿摄氏度20秒等离子体运行，创造新的世界纪录。

6月2日　国务院批复同意将黟县列为国家历史文化名城。至此，全省国家历史文化名城达6个。

6月3日　长三角国家技术创新中心在上海成立，由沪、苏、浙、皖三省一市共同建设。这是国家重点布局的三个（京津冀、长三角、粤港澳大湾区）综合类国家技术创新中心之一。

同日　省政府办公厅印发《关于促进畜牧业高质量发展的实施意见》。

6月7日　蚌埠市社会治安综合治理国家级标准化试点项目通过终期验收。这是全国唯一的综治国家级标准化试点。

6月10日　安徽省召开"光荣在党50年"老党员老干部座谈会，

向 10 名老党员代表颁发"光荣在党 50 年"纪念章。至 7 月 1 日前，全省共有 29.2 万余名老党员获颁纪念章。

6 月 15 日 安徽确定 767 个村为 2021 年度美丽乡村省级中心村创建单位。截至目前，全省已建成美丽乡村中心村 8290 个，已认定省级美丽乡村示范村 1612 个、重点示范村 544 个。

6 月 28 日 中共中央决定表彰一批全国优秀共产党员、全国优秀党务工作者和全国先进基层党组织，安徽 13 人被授予"全国优秀共产党员"称号、11 人被授予"全国优秀党务工作者"称号、18 个基层党组织被授予"全国先进基层党组织"称号。

同日 省委办公厅、省政府办公厅印发《关于建立生态环境保护专项监督长制度的意见》。

6 月 29 日 庆祝中国共产党成立 100 周年"七一勋章"颁授仪式在北京举行。习近平向"七一勋章"获得者颁授勋章并发表重要讲话。安徽马毛姐、李宏塔被授予"七一勋章"（另有吕其明、陆元九两人为安徽籍）。

同日 金砖国家新开发银行董事会批准向安徽省公路发展项目提供 3.4 亿欧元贷款。这是安徽省与金砖国家新开发银行的首个合作项目，也是目前安徽利用国际金融组织贷款金额最大的项目。

6 月 30 日 安徽省召开优秀共产党员、优秀党务工作者、先进基层党组织暨人民满意的公务员、人民满意的公务员集体表彰大会，表彰"优秀共产党员""优秀党务工作者"各 200 名，"先进基层党组织"200 个，表彰安徽省"人民满意的公务员"30 名、"人民满意的公务员集体"20 个。会议强调要传承红色基因、赓续红色血脉，铭记奋斗历程、担当历史使命，加快打造"三地一区"，建设经济强、百姓富、生态美的新阶段现代化美好安徽。

同日 省医疗保障局等七部门联合印发《关于推动药品集中带量

采购工作常态化制度化开展的实施意见》，开启新一轮药品集中带量采购。

7月1日　庆祝中国共产党成立100周年大会举行，习近平发表重要讲话，庄严宣告：经过全党全国各族人民持续奋斗，我们实现了第一个百年奋斗目标，在中华大地上全面建成了小康社会，历史性地解决了绝对贫困问题，正在意气风发向着全面建成社会主义现代化强国的第二个百年奋斗目标迈进。下午，省委常委会召开学习贯彻习近平总书记"七一"重要讲话精神座谈会，强调要认真学习贯彻习近平总书记在庆祝中国共产党成立100周年大会上的重要讲话，铭记党的光辉历程，讴歌党的丰功伟绩，赓续党的红色血脉，引导激励全省广大党员干部牢记初心使命、开创美好未来，加快建设新阶段现代化美好安徽，奋力谱写实现中华民族伟大复兴中国梦的安徽篇章。

后 记

江淮儿女勠力攻坚，世纪伟业奋斗有我。为忠实记录我省全面建成小康社会的光辉历程、伟大成就、宝贵经验，集中展示江淮儿女的奋斗风采，根据中央宣传部统一部署，安徽省委宣传部牵头成立了编委会，组织编写了"纪录小康工程"地方丛书（安徽卷）。省直相关部门负责撰稿，安徽人民出版社承担出版任务。

作为"纪录小康工程"地方丛书重要组成部分，《全面建成小康社会安徽大事记》遵循"大事突出、要事不漏"的原则，以大事编年形式，全面记录了安徽人民在中国共产党坚强领导下，围绕全面建成小康社会奋斗目标，在经济、政治、文化、社会和生态文明建设等方面发生的大事要事，上限为 1949 年 10 月 1 日，下限至 2021 年 7 月 1 日，系统反映了党的十八大以来安徽推进全面建成小康社会的历史进程、伟大成就和宝贵经验，为建设现代化美好安徽提供了历史借鉴，为安徽人民奋进新征程、建功新时代提供了强大动力。

本丛书编写出版得到安徽省委宣传部的精心指导，安徽省委常委、宣传部长郭强，安徽省委宣传部常务副部长王宏，安徽省委宣传部副部长、省新闻出版局（省版权局）局长查结联等同志主持召开专题会，统筹推进编写和出版工作。安徽省乡村振兴局、安徽省统计局、安徽省档案馆、安徽日报社等单位提供或核实了有关资料。

安徽省委党史研究院院长程中才主持《全面建成小康社会安徽大事记》编写工作并审定了书稿，具体编写人员有朱贵平、杨久梅、鲁敏、胡北、章颖等同志。书中所记条目来源于历史文献资料、档案材料、党报党刊和权威部门的研究成果，所用资料均经反复核实，力求无误。

伟大事业孕育伟大精神，伟大精神引领伟大事业。江淮儿女持续接力，激情写就安徽大地全面建成小康社会奋斗史诗。站在新的历史方位，我们将更加自信、更加坚定地以习近平新时代中国特色社会主义思想为指引，以史为鉴、开创未来，忠诚尽职、奋勇争先，乘胜而进开启全面建设社会主义现代化国家新征程，乘风破浪谱写现代化美好安徽建设新篇章！

受编者水平和时间之限，书中难免有疏漏和不足之处，敬请广大读者批评指正。

本书编写组
2022 年 6 月